논·술·세·계·대·표·문·학

25

젊은 베르테르의 슬픔

요한 볼프강 괴테 | 김현경 엮음

H 훈민출판사

괴테의 고향 프랑크푸르트의 전경

The Best World Literature

괴테의 초상화

26세 무렵의 괴테

이탈리아를 여행 중인 괴테

바이마르 국립극장 앞에 있는 괴테와 실러의 동상

괴테가 직접 그린 〈파우스트〉의 삽화

〈젊은 베르테르의 슬픔〉의 삽화 – 여주인공 로테가 아이들에게 빵을 잘라 나누어 주고 있다.

괴테 기념관

독일 하이델베르크의 전경

The Best World Literature

〈파우스트〉의 명장면을 나타낸 벽화

〈파우스트〉의 삽화

구인환(丘仁煥)

서울대학교 사범대학 졸업. 동 대학원 졸업(문학박사)
서울대학교 명예교수, 소설가(현). 서울대학교 사범대학 국어교육연구소 소장(현)
문학과문학교육연구소 소장(현). 국제펜 한국본부 부회장(현)
한국소설문학상(1987). 예술문화대상(1994). 한국문학상(2000)
작품 〈숨쉬는 영정〉, 〈살아 있는 날들〉, 〈일어서는 산〉 외 다수

• **저서** 《한국단편소설의 이해》, 《한국현대소설의 비평적 성찰》,
　　　《고교생이 알아야 할 소설》, 《고교생이 알아야 할 세계단편소설》 외 다수

윤병로(尹柄魯)

성균관대학교 국어국문학과 졸업. 동 대학원 졸업(문학박사)
성균관대학교 교수, 문학평론가(현). 한국현대소설학회장(현)
한국문예학술저작권협회 이사(현). 한국간행물윤리위원회 위원(현)
한국펜 문학상(1987). 한국문학상(1988). 대한민국문학상(1989)
수필집 《나의 작은 애인들》 외 다수

• **저서** 《현대 작가론》, 《한국 현대 소설의 탐구》,
　　　《한국 근대 작가 작품 연구》, 《한국 현대 작가의 문제작 평설》 외 다수

홍성암(洪性岩)

고려대학교 국어국문학과 졸업. 한양대학교 대학원 국어국문학과 졸업(문학박사)
동덕여자대학교 교수, 소설가(현). 한국문인협회 회원(현)
한국소설가협회 이사(현). 국제펜 한국본부 소설분과 이사(현). 한민족 문화학회 회장(현)
창작집 《큰 물로 가는 큰 고기》, 《어떤 귀향》 외
대하역사소설 《남한산성》 (전9권) 외 다수

• **저서** 《문학의 이해》, 《현대 작가론》, 《한국 근대 역사소설 연구》 외 다수

기획 · 감수

독일의 쾰른 대성당

논술 세계대표문학을 펴내며

21세기의 사회는 '**전자 문명 시대**'라 일컬어질 만큼 오늘날 전자 산업은 우리 생활의 거의 모든 분야에 다양하게 응용되고 있습니다. 출판 분야 또한 예외는 아니어서, 종래의 서책(Book) 대신에 이른바 '전자책(CD-ROM)'의 출간이 최근 들어 날로 증가하고 있습니다.

그러나 이러한 전자책은 영상 또는 모니터상으로 흥미 위주나 백과사전식 지식을 습득하는 데는 효과적일지 모르지만, 문학 공부를 위해서는 별로 도움이 되지 않습니다. 바꾸어 말하면, 문학 공부는 각 지면마다 살아 숨쉬는 표현 하나하나를 독자 자신의 머리로 음미하면서 작품을 읽어 나가는 가운데, 풍부한 상상력의 배양과 함께 작가의 의도와 그 작품의 내면을 깊이 있게 이해함으로써 이루어지는 것입니다.

이에 훈민출판사에서는, 자라나는 학생들이 범람하는 영상 매체에 길들여지기 전에, 어려서부터 유명한 세계문학 작품들을 책자를 통하여 감명 깊게 읽고 감상함으로써, 올바른 문학 공부의 기틀을 다지고, 아울러 전인 교육도 할 수 있도록 《논술 세계대표문학(전60권)》을 펴내게 되었습니다.

작품 선정은, 초 · 중 · 고등학교 국어 교과서와 역사 교과서에 실리거나 소개된 문학 작품을 중심으로 하되, 그리스 신화와 성경 이야기 등의 고전에서부터 중세 · 근대 · 현대에 이르기까지 세르반테스 · 셰익스피어 · 톨스토이 등 세계 유명 작가들의 장 · 단편 소설들을 엄선 · 수록하였습니다. 또 세계의 명시도 별권으로 엮었으며, 특히 각 단락마다 '**논술 문제**'를 제시하여, 장차 대학입시를 비롯한 각종 '논술 고사'에 예비 지식을 쌓을 수 있도록 배려하였습니다. 아무쪼록, 이 《논술 세계대표문학(전60권)》이 자라나는 학생들에게 문학 공부의 주춧돌이 되고, 나아가 미래를 살아가는 데 **정신적 자양분**이 되기를 진심으로 바라 마지않습니다.

훈민출판사

차례

젊은 베르테르의 슬픔

괴 테

지은이

1749~1832년. 독일 프랑크푸르트 암마인에서 출생. 유복한 가정에서 태어나 어려서부터 외국어와 문학, 예술을 중심으로 최고의 교육을 받았다.

1771년에 첫 시집 《제젠하임 시가집》을 펴낸 이후, 1774년 〈젊은 베르테르의 슬픔〉을 발표하였다. 이 작품으로 그는 전 유럽에 알려지게 되었다. 그의 또 다른 작품으로 〈파우스트〉, 〈친화력〉 등이 있다.

괴테는 〈파우스트〉를 23세 때부터 쓰기 시작하여 죽기 1년 전인 83세에 이르러서야 완성했다. 괴테는 여러 분야에 관심을 나타내며 독창성, 지적 추구의 다양성으로써 독일 고전주의와 낭만주의 문학의 중심 인물이 되었다.

젊은 베르테르의 슬픔

가엾은 젊은 베르테르의 슬픈 이야기를 힘자라는 데까지 열심히 수집하여 여기 여러분 앞에 내놓습니다. 아마도 여러분은 그것을 고맙게 여기실 거라 생각합니다. 여러분은 베르테르의 사상과 성품에 대해서는 감탄과 사랑을, 그리고 그의 운명에 대하여는 눈물을 금치 못할 줄 믿습니다.

그리고 베르테르처럼 절실한 애정을 지닌 착한 사람은 그의 슬픔을 보며 위안을 얻을 것입니다. 만일 당신이 어떤 운명으로 말미암아, 아니면 자신의 죄책 때문에 감명을 느낄 수 있다면 이 조그마한 책을 애써 당신의 친구로 삼도록 하십시오.

제1부

1771년 5월 4일

나는 이렇게 훌쩍 떠나오기를 정말 잘했다 싶네! 벗이여, 사람의 마음이란 어쩌면 이렇게도 변덕스러운 것일까? 내가 그렇게도 사랑하고 떨어지기 싫던 자네를 두고 떠나왔는데도 이렇게 즐거운 기분에 젖을 수 있다니……

그러나 자네는 이런 나를 이해해 주겠지. 아무튼 나는 자네 이외의 딴 사람들과의 관계는 말이 아니네. 마치 숙명은 나와 같은 인간을 괴롭히기 위해 존재하는 것만 같네.

레오노레와의 관계만 해도 그렇고 말야. 하지만 그건 내 책임이 아닐세. 내가 그녀의 여동생이 지닌 개성적인 매력에 끌리어 교제를 하고 있는 동안, 레오노레의 가슴속에 나에 대한 연정이 싹텄다 한들 나로서야 어쩔 도리가 없지 않은가?

그렇기는 해도 정말 나에게 아무런 책임이 없다고 할 수 있을까? 혹시나 내가 레오노레의 사랑이 싹트도록 거름을 주었던 것은 아닐까? 레오노레의 꾸밈없는 마음이 드러나는 행동을 재미있어 하지는 않았을까? 사실은 전혀 우습지도 않으면서 남들과 함께 그것을 웃음거리로 삼지는 않았을까? 결단코 그렇지 않았다고 딱 잘라 말할 수 있을까? 아아!

자기 자신을 비난하면서도 태연할 수 있다니, 인간이란 참 이상한 동물이지. 친구여, 나는 자네에게 약속하네. 나는 좀 더 나은 인간이 되려고 힘쓰겠네. 전과 같이 운명이 가져다준 조그만 불행을 자꾸만 되씹는 그런 짓은 그만두겠네. 현재를 있는 그대로 즐기고 과거의 일은 과거대로 흘려 보내겠네.

자네 말이 정말 옳았어. 벗이여! 만일 인간이——어째서 이런 천성을 타고났는지는 알 수 없지만——지난날의 불행만을 되새기려 하지 말고, 태연히 현재를 견뎌 내기 위해 노력한다면, 인간의 괴로움은 훨씬 줄어들지 않을까?

미안하지만, 어머니께 말 좀 전해 주게. 어머니가 부탁하신 일은 잘 진행되고 있으며, 되도록 빨리 그 소식을 알려 드리겠다고 말일세.

아주머니를 만나 보았는데, 고향에서 듣던 것처럼 그렇게 나쁜 사람 같지는 않았네. 떠들썩하고 괄괄한 성품이기는 하지만 근본은 착한 사람일세. 우리에게 돌아올 몫의 유산을 보내 주지 않는다는 어머니의 불만을 아주머니에게 분명히 말해 줬네.

여기에 대해 아주머니는 아주머니대로의 여러 가지 사정과 이유 등을 이야기하고 조건을 말하면서, 그것이 충족되면 우리가 요구하는 것보다 더 많은 몫을 보내 주겠다고 했다네.

이제 이 일에 대해서는 더 이상 쓰고 싶지 않네.

다만, 어머니께는 모든 것이 잘 되어 가고 있다고만 말씀드려 주게. 벗이여! 나는 이번에 이런 사소한 일을 처리하면서 새삼스레 느꼈네. 이 세상의 분쟁은 악의나 흉계보다는 오해와 타성 때문에 일어나는 편이 훨씬 더 많다는 것을. 적어도 악의나 흉계가 분쟁의 원인이 되는 일이 드문 것은 분명하네.

아무튼 나는 이곳에 온 뒤로 아주 잘 지내고 있네. 이 낙원과도 같이 아름다운 고장에서 고독에 잠길 수 있다는 사실이 나의 마음에 귀중한 진정제 구실을 해 주고 있다네. 게다가 이 청춘의 계절은 곧잘 전율을 느끼는 내 마음을 따뜻이 감싸 주고 있다네. 모든 나무들, 모든 산울타리에는 꽃이 만발하다네. 나는 한 마리의 풍뎅이가 되어 향기로운 꽃밭 속에서 온갖 양분을 찾고 싶네.

이곳 도시 자체는 유쾌하지 못하지만, 교외의 자연은 말로 표현할 수 없을 정도로 아름답다네. 언덕들이 가로세로 아름답게 이어지면서 이루 말할 수 없는 다채로운 모습으로 아늑한 골짜기를 이루고 있다네. 지금은 세상을 떠난 M백작이 이 정다운 언덕 중 한곳 위에 정원을 꾸몄었네. 정원의 꾸밈새는 단순하네. 그러나 그 속에 한 발짝만 들어서면 누구나 그것은 전문적인 원예사가 꾸민 것이 아니라, 스스로 즐기려는 마음을 지닌 풍류객이 설계한 곳이라는 것을 알게 되지. 나는 이 정원 안의 낡아 버린 정자에서 고인이 된 백작을 위해 벌써 몇 번이나 눈물을 흘렸는지 모른다네. 그곳은 백작도 사랑했던 장소인데, 나 또한 그 곳이 정말 마음에 드네.

머지않아 나는 이 정원의 주인 행세를 하게 될 것 같네. 사귄 지는 이제 겨우 2,3일밖에 안 되었지만, 이 곳 정원사는 나에게 매우 호의적이라네. 내가 이 곳 주인이 되어도 그가 싫어하지는 않으리라 여겨지네.

5월 10일

이상스러울 정도로 상쾌한 기분이 내 영혼에 충만해 있네. 그것은 마음껏 음미하고 있는 달콤한 봄날 아침과 같다고나 할까. 나는 혼자서 호젓이 시간을 보내고 있네. 나 같은 삶의 영혼을 위해서 마련된 듯한 이 고장에서 나는 그야말로 삶을 즐기고 있네. 정말 행복하네. 벗이여, 나는 지금 이 아늑한 생활 속에서 그 어느 때보다 평온한 심정에 잠겨 있다네.

덕분에 내 예술이 거기에 압도되어 피해를 입고 있는 정도일세. 지금 같아서는 도저히 그림을 그릴 수가 없네. 줄 하나도 제대로 그릴 자신이 없어. 그러나 또한 지금처럼 나 자신이 위대한 화가가 되어 본 적도 일찍이 없었던 것 같네.

나를 둘러싼 아름다운 골짜기에서 안개가 피어오르고, 드높은 하늘에서 비치는 햇빛은 울창한 숲의 꼭대기에서 머뭇거리며, 그 속의 성전에는 다만 몇 줄기의 빛살만이 새어 들어올 뿐일세. 그럴 때면 나는 소리내어 흐르는 시냇가의 무성한 풀밭에 누워 대지에 얼굴을 바싹 대고 가지각색의 헤아릴 수 없이 많은 어린 풀들을 살펴보고는 한다네.

그리하여 이 조그마한 숲 속 세계에서 벌어지고 있는 작은 생물들의 무궁무진한 모습들을 가슴 깊이 느끼는 걸세. 그리고는 자신의 모습을 본떠 우리 인간을 창조하신 하느님의 전능하신 존재와, 우리를 영원한 환희 속으로 인도해 주시는 지극히 자애로운 분의 숨결을 느끼게 된다네, 벗이여! 이윽고 주위가 어두워지면 내 눈은 어느새 촉촉이 젖고, 나를 둘러싼 세계와 하늘이 마치 애인의 모습과도 같이 온통 내 영혼 속에서 고요히 안식을 취한다네.

그럴 때면 나는 가슴이 뿌듯하여 이렇게 생각하고는 한다네. 아아, 내 가슴속에 이토록 충만하고, 이토록 뜨겁게 소용돌이치는 것을 그림으로 표현할 수는 없을까, 무한하신 하느님의 영혼을 벗 삼아 그것을 내 영혼의 거울로 삼을 수는 없을까 하고.

벗이여! 그러나 나는 한창 이런 생각에 잠겼다가도 이 장엄한 현상에 압도되어 그만 쓰러져 버리고 만다네. 그 위력에 짓눌려 기가 꺾이고 마는 걸세.

5월 12일

이곳에는 사람의 마음을 호리는 정령이 떠돌고 있어서 그런지, 아니면 성스러운 상상력이 내 마음속에 깃들어 있기 때문인지는 모르겠지만, 내 주위의 모든 것은 정말 천국처럼 느껴진다네.

시내 입구 가까운 곳에 샘이 하나 있는데, 물의 요정인 멜루지네와 그 자매들이 물에 이끌리듯, 나는 그 샘에 끌려가고는 한다네.

자그마한 언덕을 내려가면 아치형 문 앞에 나서게 되고, 거기서 다시 층층대를 스무 단쯤 내려간 곳에 그 샘이 있는데, 맑디맑은 샘물이 대리석 바위틈에서 솟아나고 있네. 샘을 둘러싸고 있는 나지막한 돌담, 그 주위를 둘러싸고 있는 높다란 나무들, 얼굴에 확 끼치는 시원스런 기운, 이 모든 것들이 사람의 마음을 끌어당겨 나는 그 샘가에 앉아 몇 시간씩 보내곤 한다네.

거기 앉아 있노라면, 때때로 시내에서 아가씨들이 와서 샘물을 길어가고는 한다네. 그것은 삶에 있어서 가장 순수하면서도 가장 필요한 일이 아닌가? 그것을 보고 있노라면, 부족사회 시대의 우리네 조상들의 모습이 나를 중심으로 생생하게 되살아나네.

마을 어른들이 샘가에서 서로 인사를 하고, 혼담을 주고받으며, 우물가에는 자비로운 정령들이 떠돌고 있는 모습 말이야.

아아, 이런 나의 기분을 이해하지 못하는 사람은, 한여름의 기나긴 여행 끝에 시원한 샘물 몇 모금만으로도 기운을 되찾아 본 경험이 없는 사람일 거야.

5월 13일

내 책들을 이 곳으로 보내 주겠다는 말인가? 벗이여! 제발 그런 일은 하지 말아 주게. 나는 더 이상 남의 가르침을 받거나 고무되거나 자극받고 싶지는 않네. 내 가슴은 스스로도 충분히 소용돌이치고 있다네.

나에게 필요한 것은 자장가가 아니야. 그것을 진정시켜 줄 자장가 정도는 호메로스의 시 속에도 얼마든지 있다네. 나는 설레는 나의 격정을 그 자장가로 얼마나 자주 달래 보았는지 모른다네. 아아, 내 마음처럼 이토록 변덕스럽고 불안정한 것도 또 없을 걸세.

벗이여! 새삼스레 이런 말을 자네에게 할 필요는 없겠지. 슬픔에 잠겼다가는 걷잡을 수 없는 정신적인 흥분으로 치닫는가 하면, 달콤한 우울에서 파괴적인 정열로 변해 가는 내 모습을 벌써 여러 번 보아 왔을 테니까. 그런 내 모습을 목격하고 자네가 곤혹스러워했던 적이 한두 번이 아니었으니까 말일세.

사실 나는 내 마음을 병든 어린아이 다루듯 하고 있다네. 그래서 무엇이든 떼를 쓰는 대로 다 받아 주려고 하네. 다른 사람들한테는 이런 소리 하지 말게나. 혹시 나쁘게 생각하는 사람도 있을 테니까.

5월 15일

이 고장 사람들과도 벌써 많이 친해져서 모두 나를 호의적으로 대해 준다네. 특히 어린아이들이 나를 무척 따르지. 처음엔 내가 이곳 사람들에게 다가가 이것저것 정답게 말을 건네면, 몇몇 사람들은 내가 자기네를 놀리는 줄 알고 퉁명스럽게 대하는 이들도 있었네. 하지만 불쾌하게 여기지는 않았어. 다만, 내가 매번 느끼고 있던 사실을 다시 한 번 확인했지. 즉, 조금이라도 지위가 있는 사람들은 서민들과 너무 가까이 지내면 위엄이 손상되기라도 할 것처럼 언제나 냉담하게 서민들을 멀리 하고 있다는 걸세. 그런가 하면, 때로는 겸손한 체하면서 자신들의 거만스러움을 서민들이 한층 더 느끼도록 하는 경박하고 악의적인 사람들도 있다네.

나는 인간이 모두 평등하지 않으며, 또 평등할 수도 없다는 사실을 잘 알고 있네. 그러나 존경을 받기 위해서 하층 계급 사람들을 멀리 할 필요가 있다고 생각하는 무리들은 패배가 두려워서 적군 앞에서 도망치는 비겁한 자와 다름이 없지.

며칠 전에 샘가에 갔더니, 거기 어린 하녀 하나가 있었네. 그녀는 물통을 계단 맨 아래에 놓고서 사방을 둘러보고 있더군. 물통을 머리 위에 이도록 거들어 줄 사람이 없을까 하고 사방을 두리번거리는 것이었네. 나는 아래로 내려가서 그 아이에게 말했지.

"내가 도와줄까요, 아가씨?"

그러자 그 아이는 얼굴이 새빨개져서 대답했어.

"아, 아니에요. 괜찮습니다, 나리."

"사양할 것 없어요."

그녀가 머리 위의 또아리를 바로잡았기 때문에, 나는 물통을 이도록 거들어 주었네. 그녀는 고맙다는 인사를 하고는 계단을 올라가더군.

5월 17일

나는 모든 계층 사람들과 알게 되었지만, 마음을 터놓고 이야기할 만한 친구는 아직 찾지 못했네. 내가 지닌 어떤 점이 사람의 마음을 끄는지는 잘 모르겠지만, 많은 사람들이 나를 좋아하고 호의를 베풀어 준다네. 그럴수록 나는 이 사람들과 잠시 동안만 길을 함께 가는 것일 뿐이라는, 머지않아 헤어져야만 한다는 사실에 서글퍼진다네.

이 곳 사람들의 기질이 어떠냐고 자네가 묻는다면, 다른 고장 사람들과 다를 바가 없다고 대답할 수밖에 없네. 인간들이란 어디를 가나 한결같이 그저 비슷한 거니까.

많은 사람들은 대부분 살기 위해서 시간의 대부분을 써 버리고, 자유로운 시간이 그저 조금이라도 남아돌게 되면 오히려 마음의 안정을 잃고, 온갖 방법을 다 써서 그 시간을 없애 버리려고 기를 쓰지 않나? 아아, 그것이 인간의 운명이런가!

그러나 이 고장 사람들은 정말 선량하다네. 나는 때때로 나 자신을 잊고 이 사람들과 즐거운 시간을 보내고는 한다네. 함께 식탁에 둘러앉아 마음놓고 허물없는 농담을 주고받으며 식사를 하기도 하고, 때로는 계절 따라 함께 들놀이를 가기도 하며, 또는 그 곳에서 같이 어울려 춤을 추기도 한다네.

아직도 인간에게 허용되어 있는 이러한 즐거움을 그네들과 함께 나눈다는 것은 유쾌한 일이 아닐 수 없어. 그러나 나의 마음 한구석에는 또 다른 많은 힘이 잠자고 있는데, 그것을 제대로 발휘조차 하지 못하고 그저 썩이고 있다는 초조한 생각에 사로잡히지 말았으면 하고 바랄 뿐이라네. 나는 그것이 남들 눈에 띄지 않도록 조심스레 감추어야만 한다는 생각에 가슴이 죄어드는 것만 같네.

아아, 이런 것이 모두 나를 괴롭힌다네. 그러나 오해를 받는다는 것은 어쩔 수 없는 인간의 운명이 아닐까?

그런데 내가 지난날에 가까이 사귀던 그 여자 친구가 죽어 버렸다네. 이 얼마나 원통한 일인가. 아아, 그녀가 죽지 않았더라면……. 아니, 차라리 그녀를 몰랐더라면 이렇게까지 마음이 쓰라리지는 않을 텐데!

이제 이 세상에서 영원히 구할 수 없는 것을 찾고 있는 나는 얼마나 바보 같은 사람인가? 그러나 한때나마 그녀는 나의 친구였다네. 나는 그녀의 위대한 영혼과 접촉했고, 그 영혼이 나를 감싸줄 때면, 나 자신이 실제의 나보다 더 위대한 존재처럼 느껴졌다네. 내가 바라는 것은 무엇이든지 다 될 수 있을 것만 같았지.

그 때 나는 내 영혼이 지닌 힘을 남김없이 발휘할 수 있었던 걸세. 그 때 내 영혼 가운데 어느 한 부분이라도 발휘되지 않고 그대로 남은 일이 있었던가? 그녀와 마주 대하고 있으면 알 수 없는 신비로운 감정에 휩싸여서, 자연을 고스란히 내 품안에 안아 들일 수 있었네. 우리의 교제는 더할 수 없이 섬세한 감수성, 비길 데 없이 날카로운 예지의 활동이 아니었던가! 그 활동이 갖가지 변화를 빚어내면서 장난기 있는 것까지도 모두 천재의 표시인 것으로 여겨지지 않았던가?

아아, 그런데 이제 그녀는 나보다 연상이라는 이유만으로 나보다 먼저 무덤으로 가 버리고 만 걸세. 나는 결코 그녀를 잊지 않겠네. 그녀의 그 꿋꿋한 기질과 갸륵한 인내심을 어떻게 잊을 수가 있겠나?

며칠 전에 나는 V라는 청년을 만났네. 그는 이목구비가 반듯하고 솔직한 청년이었네. 그는 대학을 갓 졸업한 사람으로 자신이 남달리 영리하다고는 생각지 않지만, 다른 사람들보다는 아는 것이 많다고 믿고 있는 눈치였네. 사실 그는 여러 방면에 걸쳐 공부를 한 듯싶었네. 아무튼 상당한 지식을 가지고 있는 젊은이였지. 내가 그림을 그리고, 그리스 어를 안다는 사실——이것은 이 고장에서는 놀라운 일이거든——을 전해 듣고는 나를 찾아왔다고 했네.

그 청년을 바투에서 우드에 이르기까지, 드필에서 빙켈만에 이르기까지 많은 이야기를 했고, 슐츠 이론의 제1부를 완전히 독파했을 뿐 아니라, 고대 연구에 관한 하이네의 강의 필기본을 갖고 있노라고 역설하는 것이었네. 나는 그의 말을 잠자코 듣고만 있었네.

나는 또 한 사람 훌륭한 인물을 만나게 되었는데, 공국의 법무관으로서 상냥하고 성실한 사람일세. 듣건대 그에게는 아이들이 아홉이나 있는데, 그 사람이 아이들에게 둘러싸여 있는 광경은 보기만 해도 흐뭇하다네. 특히 그 사람의 맏딸에 대한 평판이 자자하네.

법무관이 나더러 한번 놀러 오라고 초대를 해서 조만간 찾아가 볼 생각이네. 그는 여기서 1시간 반쯤 걸리는 공작의 사냥별장에 살고 있다고 하더군. 부인이 죽은 뒤에 너무 견딜 수 없이 슬펐기 때문에, 이 거리의 관사에 사는 것이 괴로워서 그 곳으로 이사를 갔다고 하더군.

그 밖에 두세 명의 괴짜들도 알게 되었는데, 나하고는 잘 안 맞는 친구들일세. 이 친구들이 하는 행동들은 모두 눈에 거슬리네. 특히 그들이 나에게 친한 체하는 그 태도가 딱 질색일세.

그럼, 안녕히! 이 편지는 자네 마음에 들 것이라 생각하네. 아주 사실적이니까.

5월 22일

사람의 일생이 한낱 꿈에 지나지 않는다 함은 이미 많은 사람들이 생각했던 바지만, 난 언제나 이런 생각을 하고 있다네.

인간의 활동력이나 탐구력이라는 것은 어떤 벗어날 수 없는 한계 속에 갇혀 있지. 우리 인간들의 활동도 결국에는 우리의 가엾은 생명을 연장시키려는 갖가지 욕망을 만족시키기 위한 것이 아닌가? 그리고 또 인간의 탐구가 어느 정도에 이르렀을 때 만족해 버리고 마는 것은 허울 좋은 망상에 불과하다네. 우리를 가두어 두고 있는 감옥의 벽에다 화려한 희망과 밝은 풍경을 그려 놓고서 좋아하는 것에 불과할 뿐이라는 말일세.

이러한 점을 생각해 볼 때, 빌헬름이여! 나는 그만 말문이 막혀 버리고 마네. 나는 다시 나 자신의 내부로 돌아가 거기서 어떤 예감이나 막연한 욕망과 같은 것으로 나타나는 하나의 세계를 발견하게 된다네. 그리하여 그 세계에서 느끼는 내 감각은 모두 희미할 수밖에 없네. 나는 여전히 꿈결인 양 그 세계를 향해 미소를 지을 따름이지.

어린이는 언제나 무엇인가를 바라지만, 그들은 자신이 원하는 것이 무엇인지를 알지 못하네. 그 점에 대해서는 어린아이들을 많이 다루는 가정교사들이나 선생들과도 견해가 일치하고 있네.

그런데 어른들도 어린아이와 마찬가지로 이 대지 위를 정처 없이 헤매며, 대체 어디서 와서 어디로 가는지 모른다네. 그들 역시 뚜렷한 목적도 없이, 비스킷이나 사탕, 케이크, 그리고 회초리의 지배를 받고 있는 것일세. 이러한 사실은 아무도 얼른 시인하려 하지 않지만, 내가 보기에는 너무나 명백한 사실일세.

나의 이런 생각에 자네가 뭐라고 할지는 이미 알고 있네. 그리고 솔직히 자네의 이의에 기꺼이 승복하겠네. 어린아이들처럼 아무 생각도 없이 하루하루를 보내고, 인형을 안고 옷을 입혔다 벗겼다 하기도 하고, 어머니가 과자를 넣어 둔 서랍께로 살금살금 다가가서 마침내 바라던 그 과자를 손에 넣게 되면, 그것을 한입 가득 넣고 나서 더 달라고 떼를 쓰는, 그런 인간이 가장 행복하다는 사실을 말일세.

또 자신들의 초라한 사업이나, 혹은 자기들 멋대로의 취미에 그럴듯한 명칭을 붙이고서, 그것이 인류의 복지와 행복을 위한 대사업이랍시고 버젓이 내세우는 그런 녀석들도 행복할 걸세. 그렇게 할 수 있는 모든 사람들에게 복 있으라!

그러나 겸허한 마음을 가진 사람이라면, 이런 모든 일들이 어떻게 끝이 날 것인지 잘 알고 있다네. 그리고 자기 세계를 조용히 자기의 내부로부터 쌓아올린다네. 안락하게 살아가고 있는 시민들은 자기네의 조그만 뜰을 곧잘 낙원처럼 가꾸어 나가고, 불행을 안고 있는 자들도 그 무거운 짐에 허덕이면서도 쉬지 않고 제 길을 가지. 저마다 조금이라도 더 오래 햇빛을 쬐고 싶어하는 사람들을 모두 자기 세계를 내부로부터 쌓아올리려 하고 있네.

이런 사람들도 물론 행복하지. 왜냐하면 그들 역시 인간이기 때문이야. 그리고 그런 사람들은 아무리 답답한 환경에 처하더라도 가슴속에서는 언제나 자유의 즐거움을 누리고 있다네. 즉, 언제든지 마음만 먹으면 이 지옥 같은 삶을 버릴 수 있는 자유의 감정을 가지고 있다는 말일세.

5월 26일

자네는 내가 옛날부터 어떤 집에서 살고 싶어하는지 알고 있을 것이네. 어디든지 마음에 드는 곳에 오두막집을 한 채 짓고, 그 곳에서 조촐하게 조용히 살고 싶어하는 내 취미 말이야. 그런데 나는 이 고장에서 내 마음에 꼭 드는 그런 곳을 발견했다네.

이 도시에서 1시간쯤 걸리는 곳에 발하임이라는 마을이 있네. 비탈진 언덕에 자리를 잡아 경치가 빼어나다네. 오솔길을 따라 올라가다 보면 갑자기 골짜기 전체가 한눈에 내려다보인다네.

여기에 마을 여인숙이 하나 있는데, 나이에 비해 아주 유쾌하고 활발한 안주인이 포도주, 맥주, 커피 따위를 판다네. 그러나 무엇보다도 마음에 드는 것은 두 그루의 보리수일세. 사방으로 넓게 퍼진 보리수 나뭇가지들이 교회 앞의 조그만 광장을 덮고 있다네. 그 광장을 중심으로 그 둘레에는 농가와 곳간, 그리고 저택들이 들어서 있네. 나는 이렇게 정답고 마음이 끌리는 곳을 이제까지 본 적이 없네.

나는 여인숙에서 조그마한 탁자와 의자를 그 광장으로 들고 나와, 커피를 마시며 호메로스를 읽는다네. 어느 맑게 갠 날 오후, 내가 우연히 그 보리수 아래를 처음으로 찾아갔을 때, 광장은 정말 고요했네. 모두들 일을 하러 들에 나간 것일세.

네 살쯤 되어 보이는 어린 사내아이가 땅바닥에 앉아서 태어난 지 6개월 가량밖에 안 된 갓난아기를 제 무릎 사이에 앉히고, 두 팔로 아기를 품어 안은 모습이 마치 안락 의자 같았지. 그리고 그 사내아이는 검은 눈을 두리번거리며 사방을 둘러보면서 아주 조용히 앉아 있었네. 이 광경은 정말 내 마음에 들었다네.

나는 그 맞은편에 놓여 있는 쟁기에 걸터앉아 매우 즐거운 기분으로 이 두 형제의 모습을 스케치했네. 거기다 바로 그 곁의 산울타리, 곳간문, 그리고 부서진 짐수레의 바퀴 두세 개 등을 있는 그대로 그 속에 넣어 그렸네.

한 시간쯤 지난 뒤에 내 주관이 조금도 가미되지 않은 재미있는 그림이 완성되었네. 이것을 계기로 나는 자연에만 의지하여 그림을 그릴 생각을 더욱 굳혔네. 자연만이 무한히 풍요로우며, 자연만이 위대한 예술가를 만들지.

그림 그리는 기법이 빚어 내는 좋은 점에 대해서는 여러 가지로 말할 수 있네. 그것은 마치 시민 사회를 예찬하는 말을 얼마든지 할 수 있는 것과 마찬가지지. 기법을 중요시하는 사람은 절대 무미건조하거나 졸렬한 작품을 그리는 일이 없네. 이것은 마치 세상의 법률이나 예의에 따라 꽉에 박힌 행동을 하는 사람이, 이웃 사람들의 비난의 대상이 되거나 몹쓸 악당이 되거나 하는 일이 결코 없는 것과 같은 것일세.

그러나 역시 모든 규칙은 자연의 진정한 감정과 그 참된 표현을 파괴해 버리는 것일세. 아마 자네는 이렇게 반박하겠지.

"그건 지나친 말이야! 기법은 다만 작품에 어떤 제약을 가함으로써 불필요한 덩굴을 잘라 버릴 뿐이네."
라고 말일세.

벗이여! 나는 자네에게 한 가지 비유를 들어 이야기해 보겠네. 그것은 마치 연애와 같은 것이라고 할 수 있네. 한 청년이 어느 처녀에게 반해서 날마다 그녀의 곁을 떠나지 않고, 자신이 가지고 있는 모든 재산을 그녀에게 바쳐서라도 오직 그녀만을 위한다는 것을 쉴새없이 알리려 한다고 치세. 그 때, 어떤 관직에 종사하는 속물이 찾아와서 그 청년을 보고 이렇게 말하는 거야.

"젊은이! 인간으로서 사랑을 한다는 것은 얼마든지 있을 수 있네. 그러나 사람은 인간적으로 연애를 해야만 해. 자네의 시간을 나누어서 일부는 일을 하는데 사용하고, 그 나머지 시간은 애인에게 바치도록 해요. 그리고 자네의 수입을 잘 관리해서 자신에게 필요한 경비를 따로 챙겨 두고, 그 나머지 몫으로 애인에게 선물을 하게나. 그것도 너무 잦으면 안 돼요. 애인의 생일이나 명절 같은 때에만 해도 충분하지."

만일 그 친구가 이 충고에 따른다면 그는 쓸모 있는 청년이 되겠지. 나 역시 그를 관리로 채용하도록 어느 영주에게나 추천할 걸세. 그러나 그의 사랑은 그것으로 끝장일세. 그리고 그 젊은이가 만일 예술가라면 그의 예술도 그것으로 끝장이 나는 거야.

아아, 벗이여! 나는 자네들에게 묻고 싶네! 어째서 천재들이 홍수처럼 둑을 무너뜨리고 소용돌이치며 밀어닥쳐와 세상 사람들의 영혼을 뒤흔들며 경탄케 하는 일이 이렇게도 보기 드문가?

사랑하는 벗이여! 천재의 물결이 이는 두 강기슭 언덕에는 점잖은 신사들이 살고 있기 때문일세. 그 신사들이 자기네 정원이나 튤립의 향기로운 꽃밭이나, 혹은 채소밭이 망가질까 두려워 재빨리 제방을 쌓기도 하고, 배수 공사를 하기도 함으로써 닥쳐올 위험을 미리 막기 때문이란 말일세.

5월 27일

이제 보니 나는 비유와 연설을 늘어놓기에만 정신이 없었네. 그래서 그 아이들이 어떻게 되었는지 이야기하는 것을 까맣게 잊어버렸구만. 어제 편지에서 자네에게 단편적으로나마 이야기했다시피, 나는 분위기에 젖어 그럭저럭 2시간이나 그 쟁기 위에 걸터앉아 있었다네.

이윽고 저녁때가 다 되어 한 손에 작은 바구니를 들고 있던 젊은 여자가 그 아이들을 보고는 멀리서부터 소리를 지르며 달려왔네. 아이들은 그 때까지 그 자리에 그대로 얌전히 있었던 걸세.

"오, 필립! 너 정말 착하구나!"

그녀는 나에게 눈인사를 했네. 나도 눈인사를 하며 일어나서 그녀의 곁으로 다가가, 아이들의 어머니냐고 물었지. 그녀는 그렇다고 대답하고는 큰아이한테 흰빵 한 조각을 주고는, 갓난아기를 안아 올리더니 어머니의 사랑이 물씬 풍기는 키스를 하더군.

"필립에게 아기를 맡겨 놓고 저는 제일 큰애를 데리고 시내에 갔었지요. 흰빵과 설탕, 죽을 끓이는 냄비를 사려고요."

아닌게아니라, 뚜껑이 열린 그 바구니 속을 들여다보니 그 물건들이 다 들어 있었네.

"한스(이것이 갓난아기의 이름이었네)에게 오늘 저녁에 수프를 끓여 주려고요. 큰아이가 여간 개구쟁이가 아니에요. 어제도 남은 죽을 서로 먹으려고 필립과 싸우다가 냄비를 깨뜨려 버렸지 뭐예요."

나는 그 개구쟁이 큰아들은 어디에 있느냐고 물었네. 풀밭에서 두세 마리의 거위를 뒤쫓고 있을 것이라는 어머니의 말이 채 끝나기도 전에 큰아들이 헐레벌떡 뛰어오더니 바로 아래 동생인 필립에게 개암나무 가지를 갖다 주었네. 나는 이 어머니 되는 부인과 한참 이야기를 나누었네. 그녀는 그 마을의 학교 선생의 딸이며, 그녀의 남편은 사촌형의 유산을 상속받기 위해 스위스에 가 있다는 사실을 알게 되었네.

"모두들 남편을 속이려 한 거예요. 남편이 편지를 몇 번이나 보냈는데도 답장조차 없어요. 그래서 직접 떠난 거예요. 안 좋은 일이나 생기지 않아야 할 텐데 걱정스럽군요. 남편한테서 도무지 소식이 없어서요."

나는 그녀와 그대로 헤어지기가 서운해서 아이들에게 각각 1크로이처씩을 쥐어 주고, 시내에 나가거든 막내에게 흰빵이라도 사다 주라고 갓난아이를 위해서도 1크로이처를 그 어머니에게 준 연후에 우리는 헤어졌네.

벗이여! 고백하거니와 나의 설레는 마음을 도저히 진정시킬 수가 없을 때는, 이렇게 태연스러운 기분으로 행복스럽게 생활의 좁은 테두리를 돌며 그날 그날을 살아가는 것도 한 방법이지. 나뭇잎이 지는 것을 보면 이제 겨울이 왔다는 것 외에는 별생각을 하지 않는 사람들을 바라보면서 말이지.

그 뒤로부터 나는 가끔 그 곳에 간다네. 아이들은 이제 나하고 정이 들어서, 내가 커피를 마시고 있을 때에는 설탕을 얻어먹고, 저녁에는 버터 빵과 우유를 나와 나누어 마시기도 한다네. 그리고 일요일에는 용돈으로 1크로이처씩을 꼭꼭 주기로 했네. 혹시 예배 시간이 지났는데도 내가 가지 못할 때에는 주막집 여주인에게 나 대신 그들에게 돈을 주라고 부탁해 두었네.

아이들은 이제 스스럼없이 나에게 온갖 이야기를 다 해 준다네. 무엇보다 재미있는 일은 이 마을의 다른 아이들이 모였을 때의 모습이야. 그들의 드센 감정과 욕망이 노골적으로 드러나는 표정은 볼만하지.

이럴 때면 으레 아이들이 폐를 끼치지나 않을까 해서 아이들의 어머니가 무척 신경을 쓰는데, 나는 어머니들의 그런 걱정을 없애기 위해 꽤 애를 먹곤 하지.

5월 30일

지난번에 내가 그림에 대해 말한 것은 시에도 그대로 들어맞는다고 생각하네. 중요한 것은 핵심을 찾아 내어 그것을 대담하게 표현하는 일이네. 그렇게 하면 짧고 간단한 말로써 많은 것을 나타낼 수가 있지. 내가 오늘 목격한 광경을 그대로 묘사한다면 아마 세상에서 가장 아름다운 전원시가 될 걸세.

그러나 문학이니 풍경이니 시니 하는 그런 것들이 무슨 소용이겠나? 우리는 자연 그 자체에 흥미를 느끼고 참여하기만 하면 되는 거네. 구태여 그것을 이렇게 저렇게 손질을 하여 재생할 필요는 없단 말일세.

이렇게 쓰고 보니 자네가 이 편지에서 무언가 대단한 것을 기대할지도 모르겠네만, 아마도 그 기대는 완전히 어긋날 걸세.

지금 내가 커다란 흥미를 가지고 있는 것은 어느 농가의 한 젊은 머슴에 대한 이야기에 지나지 않으니까 말이야.

내 이야기는 언제나 그렇듯이 제대로 전달이 되지 않겠지. 자네는 또 내가 과장해서 이야기한다고 생각할지도 모르겠네. 아무튼 장소는 역시 발하임이라네.

하루는 그 보리수 그늘 아래에서 간단한 다과회가 있었네. 나는 거기 모인 사람들과 별로 친분이 없다는 핑계를 대고 한데 어울리지 않고 따로 떨어져 있었네.

그 때 마침 농사꾼 차림의 한 젊은 청년이 그 근처의 농가에서 나오더니, 지난번에 내가 걸터앉아서 스케치를 했던 그 쟁기를 손질하기 시작했네. 나는 그의 그런 모습에 몹시 흥미가 끌렸다네. 나는 곧 몇 마디 말을 걸어 그의 신상에 대한 이야기를 물어보았네. 우리는 곧 가까워졌고, 흉허물없이 이야기를 주고받게 되었지. 나는 이런 소박한 사람들과는 언제나 금방 친숙해지지.

그의 이야기에 따르면, 그는 어떤 과부 집에서 하인 노릇을 하고 있는데, 주인에게 좋은 대우를 받고 있다는 것이었네. 그는 여주인에 대한 이야기를 이것저것 늘어놓으면서 여간 칭찬을 하는 것이 아니었어. 나는 곧 이 청년이 여주인에게 깊이 빠져 있다는 것을 알아차렸지.

이야기를 들어 보니 그 여주인은 나이도 지긋하고, 첫 남편한테 몹시 시달림을 당했기 때문에 다시 결혼할 마음이 전혀 없다는 것이었네.

그의 말투로 미루어 그가 주인 마누라를 얼마나 아름답게 생각하고, 매력을 느끼는지 훤히 들여다볼 수 있었네. 그리고 그 청년은 첫 결혼에서 겪은 그 쓰라린 상처를 지워 버리기 위해서라도 그녀가 자기를 선택해 주기를 간절히 바라는 눈치였어.

이 청년의 순수한 연모의 정과 그 사랑의 진실함을 자네에게 생생하게 표현하려면, 그가 나한테 한 말을 한 마디도 빼지 않고 그대로 되풀이해야만 하겠지. 여간 위대한 시인이 아니고서는 그의 몸짓이며 표정, 목소리에 담긴 정감, 눈길 속에 깃들어 있는 정열 등을 그대로 자네에게 전달하기란 불가능한 일일세. 아니, 아무리 위대한 시인이라도 그의 태도와 표정 속에 어려 있는 불길을 묘사한다면 서투른 실패작이 될 게 분명하네.

특히 내가 커다란 감동을 받은 것은, 혹시라도 내가 자기와 여주인과의 관계를 좋지 않게 받아들이고 여주인의 정숙한 처신을 의심하지나 않을까 하고 그 농부가 진심으로 걱정스러워한다는 점이었어. 여주인의 얼굴 생김새며, 그녀의 몸매에 대하여 얘기하는 그 청년의 태도가 얼마나 매력적이었는지, 나는 다만 마음속으로 되풀이할 수밖에 없다네. 나는 태어난 이후 오늘날까지, 이렇게 안타까운 사랑과 뜨거운 소망이 이토록 순수한 형태로 나타난 것을 일찍이 본 적이 없네. 아니, 그런 것은 꿈에도 생각한 적이 없었지.

이러한 순수함과 진실함을 떠올릴 때면, 내 영혼은 그 마음 깊은 곳으로부터 불타오르고, 그 진실과 애정의 생생한 모습이 어디를 가나 내 머릿속에서 사라지지를 않는다네. 그리하여 마치 그 불꽃이 나에게 옮겨 붙기라도 한 것처럼 나까지도 숨이 가쁘고 애가 탄다네. 부디 이런 나를 비난하지는 말아 주게.

나는 되도록 빠른 시일 안에 그 여주인을 만나 보고 싶네. 그러나 다시 생각해 보니 그녀를 만나지 않는 게 좋을 것 같기도 하네. 오히려 사랑하는 사람의 눈을 통해서 그녀를 보는 편이 나을 것 같아. 막상 그녀를 내 눈으로 직접 보았을 때, 지금 내 마음속으로 그리고 있는 그녀와는 딴판일 수도 있으니까. 무엇 때문에 그 아름다운 모습을 깨뜨려 버리겠나?

6월 16일

왜 편지를 하지 않았느냐고? 그런 것을 궁금해하다니 자네도 역시 학자 같은 사람이로군. 내가 잘 지내고 있다는 것쯤은 자네도 알고 있을 텐데……

　심은 그 동안 나는 어떤 여인과 알게 되었는데, 이것이 내 커다란 관심거리가 되어 있네. 이 심정을 어떻게 말해야 할는지 모르겠군.

　이 사랑스러운 한 여인과 어떻게 알게 되었는지 그 자초지종을 자네에게 차근차근 이야기한다는 것은 무척 어려운 일일세. 나는 지금 매우 행복하게 지내고 있네. 그러나 나는 지금 훌륭한 역사 기록자가 될 수는 없을 걸세.

　천사와 같은 여자라네! 물론, 이건 누구나 자기 애인을 가리켜 하는 소리지. 하지만 나는 그걸 알고 있으면서도 그녀가 얼마나 완벽한가 하는 것을 자네에게 어떻게 설명할 방법이 없군. 어쨌든 그녀는 내 마음을 완전히 사로잡아 버렸다네.

　더없이 총명하면서도 순진하며, 더없이 착실하면서도 다정하고, 더없이 발랄하고 활동적이면서도 조용한 성격을 지니고 있는 여인일세.

　그녀에 대하여서는 어떤 말을, 어떤 식으로 하더라도 모두가 하찮은 잔소리에 지나지 않아. 모두 그녀의 모습을 올바르게 나타내지 못하는 추상적인 표현이 될 뿐이라네.

　이 다음에, 아니지, 이 다음으로 미룰 게 아니라 지금 당장 이야기하지. 지금 이야기하지 않으면 기회가 없을 것 같으니까 말일세. 이건 자네에게만 하는 말이지만, 이 편지를 쓰기 시작한 뒤로 나는 벌써 세 번이나 펜을 놓고 뛰쳐나가려 했다네. 오늘은 가지 않으리라고 마음을 단단히 다져 먹었는데도. 나는 별수없이 창가로 가서 해가 어디쯤 떠 있나 밖을 살펴보고는 하는 걸세.

　나는 나 자신을 이겨 내지 못했네. 그녀에게 가지 않을 수가 없었지. 거기 갔다가 지금 막 돌아온 참일세. 빌헬름! 나는 저녁식사로 막 빵을 먹고 자네에게 이 편지를 쓰고 있네. 그녀가 귀엽고 발랄한 8명의 어린 동생들에게 둘러싸여 있는 광경을 보면, 내 영혼은 크나큰 환희에 젖는다네!

그런데 이런 식으로 그녀에 대한 이야기를 써내려 가다 보면, 자네가 뭐가 어떻게 된 건지 전혀 알 수가 없겠군. 좋아, 그렇다면 억지로라도 내 마음을 가라앉혀서 자초지종을 이야기함세.

지난번에 자네에게 이야기했던 바와 같이 나는 법무관인 S씨를 알게 되었다네. 그분은 나에게 자기의 작은 왕국으로 한번 놀러 오라고 초대를 했다네. 그런데 나는 그분 집에 놀러 가는 걸 미루어 오고 있었다네. 만일 우연히 그 고장에 묻혀 있는 보물을 발견하지 못했더라면, 나는 결코 거기에 가 보지 않았을 걸세.

이 곳 젊은 친구들이 시골에서 무도회를 개최했는데, 나도 기꺼이 거기에 참석했지. 나의 파트너는 마음씨가 곱고 예쁘장한 아가씨였어. 마차를 타고 파트너인 그 아가씨와 그녀의 사촌을 데리고 무도회장에 가는 도중에 샤를로테라는 여자와 함께 가기로 되어 있었네.

수풀 속에 널찍하게 나 있는 길을 따라 사냥 별장을 향해 달려가는 마차 속에서 내 파트너인 소녀가 귀띔을 해 주더군.

"아름다운 아가씨를 알게 되실 거예요."

그러자 그녀의 사촌 되는 아가씨가 덧붙이더군.

"반하지 않도록 주의하세요."

"왜요?"

하고 나는 물었지.

"그 아가씨는 벌써 약혼한 분이 있으니까요."

하고 내 파트너인 소녀가 대답하더군.

"약혼자는 아주 멋진 분인데, 그분의 아버지가 돌아가셨기 때문에 여러 가지를 정리하고, 또 좋은 직책을 알아보기 위해 지금 여행을 하는 중이에요."

그런 소리를 들어도 나는 별로 관심을 두지 않았기 때문에 귓등으로 흘려버렸네. 해가 서산으로 넘어가기 15분 전에 우리는 그 집 문 앞에 닿았어. 몹시 무더웠다네. 여자들은 소나기가 내리면 어쩌나 하고 걱정을 하고 있었지. 지평선 일대에 우중충한 잿빛 구름이 깔려 있어서 소나기라도 올 듯한 기세였지. 모처럼의 즐거운 파티가 지장을 받지나 않을까 하여 나도 걱정되었지만, 엉터리 기상학의 지식을 둘러대며 여자들의 걱정을 달랬다네.

내가 마차에서 내리자 하녀가 문간으로 나오더니, 로테 아가씨가 곧 나오실 테니 잠깐만 기다려 달라고 말하더군. 나는 안뜰을 지나서 훌륭한 안채를 향해 걸어갔다네.

입구의 계단을 올라가서 현관 안으로 들어서자, 일찍이 본 적이 없는 정겨운 광경이 눈에 띄었네. 현관 홀에 두 살에서 열한 살 사이의 아이들 여섯이 한 소녀를 둘러싸고 있었네. 몸매가 아름다운 그 소녀는 팔과 가슴에 연분홍 끈이 달려 있는 청초한 흰옷을 입었네. 키는 알맞은 편이었다네.

소녀는 검은빵을 손에 들고 자기를 둘러싼 아이들에게 각각 그 나이와 양에 따라 다정스럽게 한 조각씩 잘라 주었네. 그러면 아이들은 천진스럽게 '고맙습니다!' 하고 소리치는 걸세.

아이들은 빵을 채 자르기 전부터 저마다 그 작은 손을 높이 들어올린 채 기다리고 있다가 빵을 받고는 저마다 흐뭇해하며, 자기들의 언니인 로테가 타고 갈 마차와 손님들을 보려고, 어떤 아이는 뛰어나오기도 하고 또 어떤 아이는 천천히 걸어서 대문께로 나왔다네.

"미안합니다. 선생님을 여기까지 이렇게 들어오시도록 하고, 또 아가씨들을 오래 기다리게 해서……. 옷을 갈아입느라 좀 늦었습니다. 게

다가 제가 집을 비운 사이에 돌봐야 할 자질구레한 일들을 하느라고 아이들에게 저녁 빵 나눠 주는 것을 깜빡 잊었지 뭐예요. 그 애들은 제가 빵을 나눠 주지 않으면 받으려 하지 않는답니다."

나는 그저 상투적인 인사를 몇 마디 했지만 내 마음은 온통 그녀의 자태와 목소리, 그리고 그 동작에 집중되어 있었네. 그녀가 장갑과 부채를 가지러 거실로 뛰어갔을 때에야 나는 비로소 제정신을 찾을 수 있었다네. 아이들은 조금 떨어진 곳에서 나를 보고 있었어. 내가 귀여운 막내 동생에게로 다가갔더니 그 꼬마는 슬금슬금 뒷걸음질을 치더군. 그때 로테가 되돌아와서 말했지.

"루이야, 이 사촌 형하고 악수해야지."

그 아이는 누나가 시키는 대로 천진스럽게 손을 내밀고 나와 악수를 했어. 콧물을 흘려 코밑이 약간 지저분했지만 나는 그 애에게 마음에서 우러나오는 키스를 했네.

"사촌 형이라니요?"

하고 로테에게 손을 내밀면서 물었다네.

"제가 아가씨의 친척이 되는 영광을 누릴 수 있을까요?"

"아, 그건 저희들에게는 사촌이 아주 많답니다. 설마 그들 가운데서 선생님이 가장 나쁜 분은 아니시겠지요……."

하고 로테는 가볍게 미소를 지으며 말했네.

출발하면서 로테는 자기 바로 아래 동생인 열한 살쯤 되어 보이는 소피아라는 소녀에게, 아이들을 잘 보살펴 주고, 승마 산책을 나간 아버지가 돌아오시거든 잘 말씀드려 달라고 부탁했네. 그리고 다른 아이들에게는 소피아 언니를 자기처럼 생각하고 말을 잘 들어야 한다고 타일렀지.

모두들 틀림없이 그렇게 하겠다고 약속을 했으나, 그 가운데 여섯 살쯤 되어 보이는 금발머리 소녀는 이렇게 말하더군.

"그렇지만 소피아 언니는 큰언니가 아니잖아! 우린 큰언니가 더 좋단 말이야."

이러는 동안 사내아이 둘은 어느 틈에 마차 뒤에 올라타고 있었네. 나의 부탁으로 로테는 숲 입구까지 아이들이 그대로 마차를 타고 가도 좋다고 허락했네. 그 대신 아이들은 장난치지 않고 얌전히 있겠다는 약속을 해야만 했지.

우리가 자리를 잡자 여자들은 서로 인사를 나눈 다음, 옷맵시며 모자에 대해서 여러 가지 이야기를 주고받았어. 그 날 저녁 무도회에 참석하는 사람들에 관한 이야기를 나누는 도중에 로테는 마차를 세우게 하고 동생들을 내리게 했네. 아이들은 로테의 손에 다시 한 번 입을 맞추고 싶어하더군. 큰아이는 열다섯 살 소년다운 정감어린 키스를 했지만, 작은아이는 활발하고 씩씩하게 후딱 해치워 버리더군. 로테는 동생들에게 얌전히 잘 있으라는 말을 다시 한 번 했지. 우리가 탄 마차는 달리기 시작했다네.

내 파트너의 사촌 동생이 로테에게 물었네.

"전에 보내 준 책을 다 읽었어요?"

"아뇨. 안 그래도, 별로 마음에 들지 않아서 돌려 드리려고 했어요. 그 전의 책도 역시 별로 흥미가 없더군요."

하고 로테는 대답했네. 나는 그 책의 이름을 물어보고는 그녀의 대답에 놀라지 않을 수가 없었네. 그녀가 하는 말 가운데서 남다른 개성과 높은 식견이 엿보였기 때문일세. 그녀가 한마디 한마디 할 때마다 새로운 매력, 새로운 지성이 그 얼굴에서 번뜩였지. 그리고 자기 말을 내가 이해하고 있다는 것을 알아차렸던지 그녀의 표정은 점점 더 부드러워지는 것 같았다네.

"좀더 어렸을 때는 소설을 제일 좋아했어요, 어떻게나 재미있는지, 일요일이면 방 한구석에 앉아서 미스 제니(헤르메스의 소설 《판니빌 케스 양의 이야기》에 나오는 인물)라든가 그런 주인공의 행복과 슬픔에 가슴을 울먹였어요. 지금도 그런 소설에 매력을 느끼기도 하지만, 요즈음은 워낙 바빠서 좀처럼 책 읽을 기회가 없어요. 그렇기 때문에 될 수 있으면 제 취향에 꼭 맞는 책을 골라 읽으려고 하지요. 그리고 그 작품 속에서 제 자신과 비슷한 세계를 발견할 수 있고, 저와 같은 처지의 생활 묘사로 친근감이 가고 흥미 있는 이야기를 쓰는 그런 작가를 좋아해요. 물론 저희 집 생활이 천국과 같지는 않지만, 뭐라 표현할 수 없는 행복이 샘솟고 있는 것만은 사실이니까요."

이 말을 듣고 나는 마음속 깊이 감명을 받았다네. 하지만 이것을 표정에 나타내지 않으려고 애를 썼지만, 결국 그렇게 오래 참지는 못했네.

그녀가 골드 스미스의 소설 《웨이크필드의 시골 목사》(괴테도 한동안 애독했던 작품)에 대해 핵심을 정확히 찔러 말했을 때, 나는 그만 내가 알고 있는 모든 것을 장황하게 지껄여 버리고 말았다네.

로테가 다른 사람에게 말머리를 돌렸을 때에야 비로소 나는 깨달았지. 다른 두 여자들이 그 사이에 줄곧 자기네들이 완전히 무시당하는 것이 기가 막히다는 듯이 눈이 휘둥그레져서 멀거니 앉아 있었다는 것을 말일세. 사촌 되는 여자는 몇 번이나 콧등에 잔주름을 지으며 비웃듯이 나를 쳐다보았다네. 그러나 나는 그런 것쯤은 조금도 개의치 않네. 이야기가 무도회에서의 춤에 미치자 로테가 입을 열어 말했네.

"춤에 지나치게 열중하는 것은 잘못이겠지만, 저는 무엇보다도 춤을 좋아한답니다. 마음이 울적할 때에는 피아노 앞에 앉아서 엉터리로나마 무곡을 치고 있으면 그런대로 기분이 풀리곤 해요."

로테가 이런 이야기를 하고 있는 동안 나는 홀린 듯이 그녀의 검은 눈동자를 쳐다보고 있었다네. 그 생동하는 입술, 그 발갛게 상기된 볼이 내 마음을 여지없이 사로잡았네! 나는 그녀의 아름다운 자태에 황홀하여 몇 번이나 그녀의 말을 잘못 듣고는 했다네.

나를 잘 알고 있는 자네니까 짐작이 가고도 남겠지. 이윽고 마차가 무도회장에 도착했을 때 나는 꿈결에 잠긴 사람처럼 마차에서 내렸네. 나는 황혼 속에서 꿈꾸는 듯한 환상 속에 잠긴 듯이 넋을 잃고 있어서 불이 밝혀진 홀에서 울려 나오는 음악 소리도 내 귀에는 거의 들리지 않을 지경이었네.

아우드란 씨와 또 다른 한 사람(이름도 기억할 여유가 없었다네!), 그러니까 로테와 내 파트너의 사촌 동생 상대가 될 두 신사는 우리 마차가 있는 곳까지 와서 각자 자기의 상대 여성을 무도회장으로 인도해 갔네. 나도 내 파트너와 함께 안으로 들어갔지.

우리는 저마다 엇갈려 미뉴에트를 추었네. 나는 잇달아 다른 여자에게 같이 추기를 청했는데, 참을 수 없는 상대일수록 내가 그만두려고 해도 좀처럼 헤어질 수가 없었어. 로테와 그 파트너는 영국식 댄스를 추기 시작했는데, 그들이 나와 같은 줄에 휩쓸려 들어왔을 때 내가 얼마나 기뻐했는지 자네도 짐작할 수 있겠지.

그녀가 춤추는 모습을 자네에게도 보여 주고 싶네! 그녀는 몸과 마음을 온통 춤에만 집중시켜 그 속에 몰두해 버리는 걸세. 몸 전체가 하나의 아름다운 조화를 이루고, 아무런 근심도 거리낌도 없으며, 오직 춤을 추는 것만이 전부요, 춤 이외의 일은 생각조차도 하지 않는 것 같았어. 춤을 추는 그 순간에는 다른 모든 것이 그녀에게서 사라져 버린 것 같았네.

나는 로테에게 두 번째의 춤 상대가 되어 주기를 청했네. 그녀는 세 번째 무곡의 상대가 되어 주겠노라고 약속을 하고는 그지없이 애교 넘치는 사랑스런 태도로 자기가 정말 좋아하는 것은 독일식 춤이라고 분명히 말하고 나서, 이렇게 말하더군.

"이 지방의 풍습은 독일 춤을 추게 되면 끝까지 상대방하고 짝이 되어 추게 마련이에요. 그런데 제 파트너는 왈츠가 서투르니까 제가 그 왈츠를 추는 걸 사양하면 그 사람도 좋아할 거예요. 선생님의 파트너도 왈츠를 출 줄 모르고 또 좋아하지도 않으니까요. 영국식 댄스를 출 때 보니 선생님은 왈츠를 잘 추시더군요. 그러니 만일 저하고 독일 춤을 추실 생각이라면 지금 저의 파트너한테 그 뜻을 전하고 양해를 구하시는 것이 좋을 거예요. 그럼 저는 선생님의 파트너에게 양해를 구하겠어요."

나는 두말할 것도 없이 곧 찬성했지. 우리가 짝을 지어 춤추는 동안, 로테의 파트너인 그 신사는 내 파트너의 벗이 되어 주기로 했다네.

이윽고 춤이 시작되었지. 우리는 얼마 동안 팔을 이리저리 바꿔 가며 춤을 즐겼지. 그녀의 춤추는 모습은 경쾌하고 매력적이었네. 마침내 왈츠가 시작되었어.

마치 하늘에서 반짝이는 별들처럼 우리가 빙빙 돌기 시작하자, 왈츠를 제대로 출 줄 아는 사람이 드물었기 때문에 처음에는 갈팡질팡하면서 다소 어수선했네. 우리는 그 사이를 재치있게 헤엄쳐 혼란이 진정되기를 느긋하게 기다렸지. 마침내 서투른 사람들이 물러갔을 때 우리는 또 다른 한 패인 아우드란네와 함께 춤을 추었지.

나는 일찍이 그토록 경쾌하게 춤을 추어 본 적이 없었네. 나는 한동안 나 자신을 잊어버리고 있었다네. 그지없이 사랑스러운 여인을 품에 안고 번개처럼 춤추며 돌아가다 보니, 내 주위의 모든 것이 다 사라져 버리는 걸세.

빌헬름! 솔직히 고백하지. 나는 그 때 마음속 깊이 맹세를 했다네. 내가 사랑하고 마음에 품은 이 여인을 결코 나 이외의 사람과는 왈츠를 못 추게 하겠노라고 말일세. 설령 그 때문에 내가 파멸하는 한이 있더라도……. 자네는 내 심정을 이해하겠지?

우리는 잠시 숨을 돌리기 위해 천천히 홀 안을 한두 바퀴 돌았네. 그런 다음에 로테는 자리에 앉았네. 나는 간수해 둔 하나밖에 남지 않은 오렌지를 그녀에게 주었는데, 그것은 큰 효과를 나타내었어. 그런데 로테가 그 오렌지를 하나씩 하나씩 쪼개어 옆자리에 앉은 수다쟁이 여자 손님들에게 나눠 줄 때는 가슴이 무척 쓰렸네.

세 번째의 영국 춤에서 우리는 두 번째 짝이었네. 난 사람들의 대열 속을 누비며 말할 수 없는 기쁨을 만끽하고, 순수한 즐거움을 숨김없이 드러내는 로테의 눈동자에 마음을 빼앗기고 있다가, 어떤 부인 곁을 지나게 되었네. 그 부인은 젊지는 않았지만 아주 아름다워서 나도 눈여겨 본 적이 있는 여자였지. 그녀는 미소를 지으며 로테에게 시선을 보냈다네. 그리고는 위협하듯이 손가락 하나를 세우고는 우리가 스쳐 지날 때 두 번이나 의미심장하게 알베르트라는 이름을 부르는 것이었어.

"알베르트가 누군가요?"
하고 나는 로테에게 물었지. 그녀가 막 대답을 하려는 순간에 우리는 커다란 8자를 그리기 위해 서로 떨어져야만 했네.

이윽고 서로가 스쳐 지나게 되었을 때 보니, 그녀의 얼굴에 뭔가 생각에 잠긴 듯한 표정이 나타나 있더군. 그녀는 프롬나드에 맞춰서 춤을 출 양으로 내게 손을 내밀면서 말했다네.

"일부러 감추려고 한 건 아니에요. 알베르트는 착실한 사람으로 저와는 약혼한 사이나 다름없는 남자예요."

그것은 처음 듣는 소식이 아니었음에도 불구하고(오는 도중에 그 아가씨들한테 들었으니까) 그 순간 처음 듣는 소리 같았네. 이렇게 짧은 시간에 그토록 소중한 존재가 된 이 여인과 그 이야기를 관련시켜 생각하지 않았기 때문이야. 나는 갑자기 당황하여 엉뚱한 조의 두 사람 사이로 비집고 들어가 버렸네. 그 바람에 춤은 뒤죽박죽이 되어 버렸지. 하지만 다행히 로테가 침착하게 나를 리드해 주어서 다시 본래의 위치로 되돌아가기는 했다네.

춤이 아직 끝나기 전에 지평선 저쪽에서 번갯불이 번쩍이는 것을 보고, 나는 그저 보통의 번갯불이거니 하고만 생각했지. 그런데 이젠 천둥 소리가 음악을 압도해 버릴 지경이 되었네. 이윽고 여자 셋이 대열에서 빠져 나가자, 파트너인 남자들이 그 뒤를 쫓아갔네. 홀 전체가 뒤숭숭해지고, 음악 소리가 그쳤네.

한창 즐거울 때에 갑자기 어떤 재앙이나 불행이 엄습해 오면, 보통 때보다 더 강한 인상을 받게 되지. 그 이유 가운데 하나는 즐거울 때와 뒤따라오는 불행의 감정이 커다란 대조를 이루어 한결 절실히 느껴지기 때문이기도 하지만, 그보다 더 근본적인 이유는 우리의 감각이 아주 예민한 상태에 놓여 있으므로 그만큼 강한 인상을 받기 때문이라고 생각하네.

몇몇 여자들이 갑자기 얼굴을 기묘하게 찌푸린 것도 그래서이겠지. 어떤 영리한 여자는 홀 한구석에 가서 창문을 등진 채 귀를 막고 있었네. 또 어떤 여자는 그 앞에 꿇어앉아서 상대방 여자의 무릎에 얼굴을 파묻고 있었네. 또 한 여자는 그 두 사람 사이에 파고들더니, 눈물을 흘리며 친구를 껴안았네.

집으로 돌아가려는 여자도 몇몇 있었네. 그런가 하면, 갈팡질팡하며 정신을 가다듬지 못한 채 이렇게 아름다운 수난자들의 입술에서 새어나오는 하늘에 대한 기도 소리가 듣기 싫어 야단을 치는 듯이 보이는 젊은 신사들의 무례한 장난을 막을 엄두조차 못 내는 여자들도 있었네.

몇몇 신사들은 담배나 피우려고 아래로 내려갔네. 나머지 사람들은 이 집 여주인이 덧문이 있고 커튼이 쳐져 있는 방으로 안내하자 곧 순순히 따라나섰지. 우리가 그 방에 들어서자 로테는 의자들을 둥그렇게 늘어놓더니, 뭔가 게임을 하는 게 어떠냐고 제안을 하는 것이었네.

좌중의 어떤 친구들은 키스라는 달콤한 형벌이라도 받을 것을 기대했는지 입을 쭈뼛해 보이며 공연히 서성거리기도 했네.

"숫자 세기 놀이를 하는 거예요. 괜찮겠지요? 자, 잘 들으세요. 제가 오른쪽에서 왼쪽으로 돌 테니 순서대로 각각 자기의 차례가 오면 그 숫자를 말해야 해요. 도화선의 심지가 타 들어가듯이 빨리 말해야 해요. 막히거나 틀린 숫자를 부르는 분은 뺨을 맞게 됩니다. 자, 그럼 시작하겠어요. 천까지예요."

이 게임은 정말 흥미진진했네. 그녀는 한쪽 팔을 올리고 빙빙 돌기 시작했네. '하나!' 하고 첫 번째 사람이 부르고, 그 다음 사람이 '둘!', 또 그 다음 사람이 '셋!' 하는 식으로 진행되어 가는 거야. 로테가 더 빨리 돌아가기 시작하자, 점점 더 빨라졌지. 그러자 누군가가 수를 잘못 대어서 '찰싹!' 하고 따귀를 얻어맞았네. 그 다음 사람은 웃는 사이에 '찰싹!', 그 다음 사람도 '찰싹!' 그리고는 더욱더 빨리 돌아가는 거야. 나도 두 번 뺨을 얻어맞았는데, 다른 사람보다 더 세게 때리는 것 같아서 무척 만족스러웠네.

온통 웃고 떠들어대는 바람에 천까지 가기 전에 게임은 끝나 버렸지.

가까운 사람끼리 저마다 짝을 지어 자리를 뜨기 시작했네. 천둥치던 소나기도 어느 새 그쳐, 나는 로테를 따라 다시 홀로 나갔지.

그녀는 가면서 말했네.

"따귀 맞는 데 정신이 팔려 모두들 천둥 따위는 다 잊어버린 것 같더군요."

나는 대답할 말이 없었네.

그녀는 계속해서 이렇게 말했네.

"저도 사실은 누구보다 겁이 많은 편이지만, 용기를 내어 다른 사람들의 기분을 북돋우어 주려는 사이에 저도 모르게 힘이 나기 시작하더군요."

우리는 창가로 가까이 다가갔네. 천둥 소리가 멀리서 울리고 아름다운 비가 조용히 땅을 적시고 있었네. 더할 수 없이 상쾌하고 향기로운 장미 향기가 따뜻한 공기 속에 충만하여 우리 있는 데까지 풍겨 왔네. 로테는 창틀에 팔꿈치를 괴고 서서 우두커니 바깥을 내다보고 있었네. 이윽고 하늘을 보다가 나를 보았는데, 그녀의 눈에는 눈물이 괴어 있었네. 그녀는 자기 손을 내 손 위에 얹으며

"시인 클로프슈토크 말예요……."

하고 말머리를 꺼내었지. 곧 로테의 머릿속에 떠오른 그 아름다운 송가가 마음속에 되살아나더군. 나는 그녀가 클로프슈토크라는 암호와도 같은 그 말로써 나에게 전달하려 한 감정의 흐름 속에 잠겨들었네.

나는 더 이상 참을 수가 없어서, 환희에 넘치는 뜨거운 눈물을 흘리며 그녀의 손에 키스를 했네. 그리고 그녀의 눈동자를 쳐다보았네.

오오, 거룩한 시인 클로프슈토크여! 그녀의 눈동자 속에 깃든 당신에 대한 존경심을 보여 주고 싶소. 바라건대 때때로 더럽혀진 당신의 이름일랑 다시는 듣는 일이 없기를!

6월 19일

지난번 편지는 어디서 끝났는지 생각이 나지 않네. 내가 알고 있는 것은 다만 내가 집에 돌아와서 누운 것이 새벽 2시였다는 것, 그리고 편지를 쓰지 않고 이야기를 했더라면 아마도 아침이 될 때까지 자네를

붙잡고 지껄였으리라는 것뿐일세. 나는 무도회가 끝나고 집으로 돌아올 때의 일은 아직 자네에게 하지 못했는데, 오늘도 역시 그런 이야기를 하기에 알맞은 날은 아닌 것 같네.

돌아올 때, 해돋이의 아름다움은 참으로 장관이었어. 근사한 해돋이였지. 주위는 온통 이슬에 젖은 수풀과 싱그럽게 되살아난 들판! 멋진 풍경이었지.

동행한 여자 둘은 마차 안에서 꾸벅꾸벅 졸기 시작했네. 로테는 나더러 그 잠꾸러기들 틈에 끼일 의사가 없느냐고 하면서 좀 자라고 권했네. 자기 때문에 체면 차릴 필요는 없다는 거야.

"당신의 눈동자가 초롱초롱할 동안은 나도 그럴 생각이 없군요."
하고 말하며 나는 그녀의 눈동자를 지그시 바라보았네. 우리 두 사람은 로테의 집에 닿을 때까지 그대로 깨어 있었네.

하녀가 나와서 조용히 문을 열어 주고, 로테의 묻는 말에, 아버님도 동생들도 여느 때와 같이 아직 자고 있다고 대답했네.

헤어질 때 나는 그 날 중으로 한 번 더 만날 수 있게 해 달라고 그녀에게 말했지. 로테는 내 청을 들어 주었네. 그 이후로, 해와 달과 별들은 물론 변함없이 궤도를 돌고 있지만, 나에게는 이제 낮도 없고 밤도 없어졌다네. 온 세계가 내 주위에서 멀리 사라져 버린 걸세.

6월 21일

나는 하느님이 성자들을 위해 마련해 둔 것 같은 그런 행복한 나날을 보내고 있네. 미래가 어떻게 될지는 모르겠지만, 내 인생의 기쁨, 가장 순수한 기쁨을 맛보지 못했다고는 말할 수 없을 걸세. 자네는 아마 발하임을 알고 있겠지. 나는 여기 아주 눌러 살 생각이네. 그 곳에서 로테의 집까지는 불과 반 시간 밖에 걸리지 않거든. 로테 곁에 있으면 나는 나 자신의 존재를 느낄 수 있고, 인간에게 주어진 모든 행복을 느낄 수 있네.

발하임을 산책의 목적지로 정했을 때, 나는 그 곳이 그토록 천국에 가까운 곳이라고는 꿈에도 생각지 못했네. 나는 멀리까지 산책을 나갈 때마다 언덕 위에서나 평지에서나, 강 건너에서 나의 모든 희망을 간직하고 있는 그 사냥 별장을 바라보고는 하지.

사랑하는 빌헬름! 나는 여러 가지를 생각해 보았네. 인간은 자기를 발전시키고, 새로운 발견을 하고, 사랑하기 위하여 여기저기를 헤매어 다니지. 그리고 또한 기꺼이 속박에 몸을 내맡기고, 관습이라는 궤도를 따라 걸어가려는 충동도 간직하고 있다네.

내가 이 언덕 위에서 아름다운 계곡을 내려다보고 있노라면, 내 주위의 모든 것이 내 마음을 사로잡는 거야. 저기 보이는 작은 숲! 아아, 저

숲의 그늘 속에서 휴식을 취할 수 있었으면! 저 산봉우리! 아아, 저 산봉우리에서 이 고을 전체를 내려다보았으면! 연이어져 뻗어 있는 언덕과 정다운 계곡들! 아아, 저 속에 융합될 수 있었으면! 나는 서둘러 그곳으로 갔다가 되돌아왔네. 내가 바라는 것을 결코 찾을 수가 없었기 때문이네.

아, 저 먼 곳은 마치 미래와도 같았지! 크고도 어렴풋한 것이 우리 앞에 조용히 가로놓여 있었어. 우리의 감정도 우리의 눈길처럼 그 속에 몽롱하게 사라져 버린다네. 그리하여 우리는 그리워하는 걸세. 아아! 우리의 모든 존재를 내팽개치고, 단 하나의 위대하고 숭고한 감격의 환희에 충만하고 싶다고 말일세.

그러나 우리가 서둘러 그 곳으로 달려가 '저 너머 먼 곳이 여기'가 되고 보면, 모든 것이 지금과 마찬가지가 아닌가? 우리는 여전히 비관과 궁색함 속에 서 있는 거야. 그리고 우리의 영혼은 어느 틈에 빠져 달아나 버린 청량제를 구하려고 헐떡이는 거지.

이리하여 아무리 마음을 잡지 못하는 방랑자라도 최후에는 자기의 고향을 그리워하게 되는 걸세. 자기의 조그만 오두막 속에서, 아내의 품안에서, 단란한 어린아이들 속에서, 생계를 위한 하루하루의 일거리 속에서 일찍이 그가 넓은 세계를 돌아다니며 찾으려 해도 찾을 수 없었던 기쁨을 발견하게 되는 것이라네.

나는 아침해가 떠오름과 동시에 발하임으로 나가네. 그 곳 주막집 채소밭에서 완두콩을 따서는 의자에 걸터앉아 그 깍지를 까며 호메로스를 읽지. 그리고 조그만 부엌에 들어가서 솥을 하나 찾아내어 버터를 떠넣은 다음, 솥을 불 위에 얹고 완두콩을 볶는다네. 솥뚜껑을 덮고 그 옆에 앉아서, 때때로 솥을 흔들어 완두콩을 뒤섞을 때면, 나는 페넬로페(오디세우스의 정숙한 아내. 남편이 없을 때 여러 남자로부터 구혼을 받았으나 모두 거절했음)에게 구혼하는 사나이들이 소와 돼지를 잡아 그 고기를 잘게 썰어 불에 굽는 광경을 눈앞에 떠올린다네. 대체로 부족 사회 생활처럼 진실한 기분을 자아내는 것도 없지. 다행히도 나는 그것을 아무런 꾸밈없이 내 생활 속에 얽어 넣을 수가 있는 걸세.

손수 가꿔 온 배추를 식탁에서 달게 먹는 사람들의 소박하고도 순진한 즐거움을 맛볼 수 있다는 것은 얼마나 복된 일이겠나? 배추를 심었던 날의 맑게 갠 아침, 물을 주며 무럭무럭 자라나는 과정을 바라보던 흐뭇한 저녁, 그 모든 기쁨을 느낄 수 있는 사람들의 순박하고도 티 없는 즐거움을 식사하는 순간에 다시 맛볼 수 있지.

6월 29일

그저께는 이 곳에 살고 있는 의사 한 분이 법무관 댁에 찾아왔네. 그때 나는 로테의 동생들에게 둘러싸여 놀고 있었지. 어떤 아이는 더러 나에게 매달리기도 하고, 또 어떤 아이는 나에게 장난을 걸기도 했지. 나는 그들을 간질여 주면서 한데 어울려 떠들어대고 있었다네.

그런데 그 의사라는 사람은 우리가 놀고 있는 광경을 보고, 인간의 품위를 손상시키는 행동이라고 생각한 모양이었네. 이야기를 주고받는 동안에도 줄곧 셔츠 소매의 주름을 펴는가 하면, 옷깃 장식을 자꾸 매만지며 그의 위풍을 세우려고 하더군. 그의 표정을 보고 금세 알아차릴 수가 있었다네.

그러나 나는 그런 것에는 아랑곳하지도 않고 잘난 체하는 그의 설교를 귓등으로 흘리며 아이들이 무너뜨린 카드로 만든 집을 다시 지어 주었네. 그런 일이 있은 후 그 의사는 온 시내를 돌아다니며 법무관 집 아이들은 원래 버릇이 없었는데, 베르테르가 더욱 못쓰게 만들어 버렸다고 험담을 하고 다녔다네.

빌헬름! 이 지상에서 내 마음과 가장 가까운 것은 아이들이라네.

아이들을 지켜보고 있노라면, 사소한 일에서도 장차 그들이 지녀야만 할 일체의 덕성과 힘이 싹트고 있음을 알 수 있네. 그들의 고집 속에서 앞으로 세상의 위험을 참고 견딜 수 있는 의연하고 꿋꿋한 성격을 볼 수 있으며, 짓궂은 장난 속에서는 세상살이의 위험을 극복해 나가는 유머와 재치를 볼 수 있지. 그 모든 것들이 조금도 손상되지 않고 그대로 나타나는 걸세.

그 모습을 바라보고 있으면, 나는 언제나 '너희가 이 어린아이와 같이 되지 아니하면 안 되느니라' 하신 예수의 말씀을 생각한다네.

그런데도 빌헬름, 우리와 같은 동등한 존재인 어린이들을, 아니 우리가 모범으로 삼아야 할 어린아이들을 우리는 마치 부하처럼 다루고 있지 않는가? 우리네 어른들은, 어린아이들은 그들의 의지를 가져서는 안 되는 줄 알고 있지.――그렇다면 아이들이 의지를 갖고 있지 않단 말인가? 대체 우리는 어디서 그런 특권을 물려받았단 말인가? 우리들의 나이가 그들보다 많고 영리하기 때문이란 말인가?

오오, 하느님, 당신의 눈에는 다만 나이 많은 어린이와 나이 적은 어린이가 있을 뿐일 것입니다. 그리고 어느 쪽을 당신이 더 사랑하시는지는 당신의 아들 예수께서 벌써 옛날에 가르쳐 주셨습니다. 그런데도 사람들은 당신의 아들은 믿으면서도, 그분의 말씀에는 귀를 기울이려 하지 않고, 아이들을 어른의 틀에 넣어서 기르고 있습니다.

그럼 잘 있게, 빌헬름! 나는 이 점에 대해서는 더 이상 말하지 않기로 하겠네.

7월 1일

앓는 사람들이 로테를 얼마나 고맙게 여기는지. 나의 불행한 마음은 자신이 병상에서 쇠약해져 가고 있는 사람들보다 더 괴롭기 때문에 그 것을 더욱 갸륵하게 느끼고 있네. 로테는 시내의 어떤 착실한 부인 집에 가서 며칠을 지내게 되었네. 의사의 말에 의하면 그 부인의 임종이 멀지 않았는데, 남은 얼마 동안 로테의 간호를 받고 싶어한다는 걸세.

지난 주에 나는 로테와 함께 성××라는 마을의 목사를 찾아갔네. 산속으로 1시간 정도 들어간 곳에 있는 작은 마을인데, 우리는 4시경에 그 곳에 당도했네. 로테는 둘째 여동생을 데리고 갔지.

두 그루의 커다란 호두나무 그늘에 덮여 있는 목사관의 안뜰에 들어섰을 때, 인품이 퍽 선량해 보이는 늙은 목사님이 벤치에 앉아 있었네. 로테를 보더니 기운이 나는 듯 반색을 하며 지팡이를 짚는 것도 잊어버리고, 로테를 맞이하기 위해 일어서려 했네.

로테는 얼른 달려가서 노인을 앉히고는 자기도 그 곁에 앉아 아버지의 안부를 전하고 나서는, 목사가 늘그막에 얻은 못생기고 지저분한 막내아들을 껴안고 얼러 대는 거야.

로테가 그 노인을 대하는 모습을 자네에게도 한번 보여 주고 싶을 정도였네! 그녀는 반쯤 안 들리게 된 노인의 귀에 잘 들리도록 목소리를 높이고, 뜻밖에 죽음을 맞게 된 어떤 젊은이의 이야기며, 카를스바트의 온천이 좋다는 이야기를 한참 들려주고, 다시 이번 여름에 그 곳에 휴양을 가려고 하는 노목사의 결심을 치하하고는, 지난번에 뵈었을 때보다 훨씬 건강이 좋아 보인다는 등등의 이야기를 했네. 그 동안에 나는 목사 부인에게 인사를 드렸지.

내가 시원스러운 그늘을 드리워 주고 있는 커다란 호두나무를 칭찬하자, 목사는 생기가 도는 어조로 그 나무에 대한 내력을 이야기했네.

"저 오래된 나무는 누가 심었는지 모른다오. 이 목사가 심었다고도 하고, 혹은 저 목사가 심었다고도 하거든. 그런데 좀더 안쪽에 있는 나무는 우리 집사람과 동갑이니까, 올해 10월이 되면 쉰 살인 셈이지. 장인이 아침에 저 나무를 심었는데, 그날 저녁에 집사람이 태어났다는 거요. 장인은 나의 전임 목사라오. 이루 말할 수 없이 저 나무를 애지중지하셨지. 하긴 나에게도 이 나무는 무척 소중하다오. 지금으로부터 27년 전의 일이네만, 내가 가난한 대학생으로서 처음 이 안뜰에 들어섰을 때, 집사람은 저 나무 아래 있는 재목 더미에 앉아 뜨개질을 하고 있었다오."

그 때 로테가 목사에게 물었지.

"따님은 어디 갔나요?"

"슈미트 씨와 함께 목장에서 일하고 있는 사람들에게 갔어."

그러고 나서 목사는 다시 이야기를 계속했다네.

"전임 목사였던 장인은 날 무척 아껴 주셨다오. 그리고 지금은 집사람이 된 그의 딸도 날 사랑해 주었고. 처음엔 부목사가 되었다가 얼마 후에 후계자가 되어 이렇게 여기 자리를 잡았지."

이야기가 막 끝났을 무렵, 그 목사의 따님이 슈미트라는 사람과 함께 뜰 안으로 들어왔네. 그녀는 진심으로 로테를 환영하더군.

솔직히 말해서 그녀의 첫인상은 그리 나쁘지 않았네. 다갈색 머리에 건강하고 발랄한 성품의 아가씨로, 한동안 이런 시골에서 사귀기에는 손색이 없는 여자였네. 그녀의 애인(나는 슈미트 씨가 애인임을 그의 태도에서 곧 알아차렸네)은 고상하고 말이 없는 사람으로, 로테가 몇 번이나 권했지만 끝내 우리 이야기에 끼어들려고 하지 않더군. 나의 기분을 더욱 상하게 한 것은, 그가 우리와 어울리려 하지 않는 게 식견이 부족해서가 아니라 고집과 심술 때문인 것 같이 생각되어서였다네. 유감스런 일이지만 그런 사실은 점점 뚜렷하게 나타났다네.

우리는 다 같이 산책을 나갔네. 프리데리케는 로테와 짝이 되기도 하고 이따다가 나와 나란히 걷기도 했는데, 그런 때면 원래 가무잡잡한 그의 얼굴빛이 더욱 어두워지는 걸세. 그래서 로테는 때로는 나의 옷소매를 잡아당기며 내가 프리데리케와 너무 정답게 얘기한다고 귀띔을 해 줄 정도였다네.

그러고 보니 인간이 서로 상대편에게 괴로움을 준다는 것처럼 통탄할 일이 어디 있겠나? 특히 한심스러운 것은 모든 기쁨을 풍성하게 받아들여야 할 한창 때에 서로 얼굴을 찌푸리고 헛되이 보내고는, 훗날 비로소 자기들이 낭비해 버린 세월을 보상받을 길이 없음을 깨닫게 되는 거지.

이런 생각으로 울화가 치민 나머지, 나는 그만 자제력을 잃고 말았지. 저녁 무렵 목사관 안뜰의 테이블에 둘러앉아 우유를 마실 때였네. 화제가 이 세상의 즐거움과 괴로움에 미치자, 나는 말머리를 잡고 마구 공격을 해대지 않을 수 없었네.

"세상 사람들은 흔히 행복한 날보다 괴로운 날이 더 많다고들 하지만 내 생각은 좀 다릅니다. 우리가 하느님이 날마다 내려 주시는 은혜를 항상 마음을 활짝 열고 받아들이려고 한다면, 아무리 불행한 일이 생기더라도 거뜬히 견뎌 낼 수 있습니다."

내가 이렇게 말하자 목사 부인이 말했네.

"하지만 인간의 마음이란 게 그렇게 뜻대로 되지 않아요. 우선 몸의 상태에 따라 크게 좌우되죠. 몸이 좋지 않을 때에는 뭘 봐도 마음에 들지 않는걸요."

나는 일단 이 말을 인정하고 나서 다시 말을 이었네.

"그렇다면 그것을 일단 병이라 간주하고, 그 병을 치료할 방법이 없을까 생각해 보는 것은 어떨까요?"

그러자 로테가 입을 열었네.

"좋은 말이에요. 적어도 그것은 자기가 마음먹기에 달려 있다고 생각해요. 저도 경험해 봐서 아는데요, 뭔가 마음이 산란하고 화가 치밀 때면, 저는 벌떡 일어나서 정원을 왔다갔다하며 춤곡을 두어 곡조 노래해요. 그러면 곧 기분이 가라앉거든요."

나는 이 말을 받아서 이렇게 이야기했네.

"제가 말하고 싶은 것도 바로 그거랍니다. 불쾌한 감정은 꼭 게으름과도 같죠. 아니, 게으름의 일종이기도 해요. 우리 인간의 본성은 대체로 그러한 경향으로 흐르기 쉽지만, 단 한 번이라도 분발하려고 한다면 일은 한결 순조롭게 진행되어 일하는 것이 정말 즐겁게 되지요."

프리데리케는 열심히 듣고 있었네. 그러나 슈미트는 인간이란 결코 자기 자신을 지배할 수는 없으며, 더구나 자신의 감정을 억제하기란 어떠한 방법으로도 불가능한 일이라고 하면서 반박했다네.

"우리가 지금 얘기하는 것은 불쾌감이라는 거죠. 헌데 이것은 누구나 회피하고자 하는 감정이지만 자신의 능력이 어느 정도인지는 시험해 보지 않고는 아무도 알 수 없는 겁니다. 예를 들면, 병이 나면 누구든지 여러 의사를 찾아가게 마련입니다. 건강을 회복하기 위해서는 아무리 괴롭더라도 절제하고, 아무리 쓴 약이라도 거부하지 않을 겁니다."

이 때, 그 성실한 노목사도 우리의 토론에 참여하고 싶어서 귀를 기울이고 있는 것을 눈치챈 나는, 목소리를 높여 목사 쪽을 보고 말했지.

"악한 짓을 하지 말라는 설교는 많이 들었습니다만, 불쾌감에 대한 설교는 아직 들은 적이 없습니다."

그러자 늙은 목사가 말했다네.

"그런 설교는 도회지 목사나 해야겠지요. 농부에게는 불쾌감이란 게 없어요. 하긴 때때로 그런 설교를 해 보는 것도 나쁘지 않겠군요. 적어도 목사 부인이라든가 법무관님께는 약이 되기도 할 테니까!"

그 말에 모두들 웃었네. 목사 자신도 유쾌하게 웃어젖혔는데, 밭은기침을 쿨룩거리는 바람에 토론은 잠시 중단되었네.

이윽고 그 청년이 다시 입을 열어 이렇게 말했네.

"당신은 불쾌감을 죄악이라고 하셨는데, 그건 좀 지나친 말씀이 아닐까요?"

"천만에, 결코 지나친 말이 아닙니다. 자기 자신과 주변의 가까운 사람들에게 괴로움을 끼치는 것이야말로 악덕이 아닐까요? 우리가 서로를 행복하게 해 주지 못한다는 그것만으로도 죄악이라 할 수 있지요. 그런데 자기 자신에게뿐 아니라 서로가 나누어 가질 수 있는 즐거움마저 빼앗아야 되겠습니까? 자기 자신이 불쾌하더라도 혼자 견디며 내색하지 않고, 주위 사람들의 즐거운 기분을 망치지 않으려고 애쓰는 사람이 있다면 한번 만나 보고 싶습니다. 불쾌감이란 오히려 자격지심에서 비롯된 마음속의 울분, 자신에 대한 불만, 그리고 그것들과 결부된 어리석은 허영심에 의한 질투가 아닐까요? 우리는 종종 우리가 행복하게 해 줄 수 없는 사람이 다른 사람에 의해 행복해하는 것을 봅니다. 그것이 견딜 수 없다는 건가요?"

로테는 내가 격해서 말하는 모습을 보며 미소를 짓고 있었네. 프리데리케의 눈에는 눈물이 어려 있었지. 거기에 용기를 얻어 나는 계속 그에게 말을 했지.

"설사 다른 사람의 마음을 지배할 수 있다고 해서, 그 사람의 마음속에서 자연스럽게 솟아나는 단순한 기쁨까지도 빼앗는 자가 있다면 정말 한심하기 짝이 없는 인물이지요. 이런 폭군의 심술 때문에 빼앗긴 즐거움은 이 세상의 어떤 선물이나 어떤 친절로도 보상받을 수 없을 것입니다."

그 순간, 나는 가슴이 꽉 메는 기분이었네. 지난날의 갖가지 추억들이 되살아나면서 눈물이 핑 돌았네.

나는 큰 소리로 외쳤지.

"우리가 날마다 자신에게 이렇게 타이른다면 얼마나 좋을까요? 네가 네 친구들에게 해 줄 수 있는 것은 '그 친구의 기쁨을 방해하지 않고 즐거움을 함께 나눔으로써 그 행복을 더욱 북돋우어 주는 일이다.' 라고 말이죠. 그러나 그 친구의 마음이 괴로움에 지치고 슬픔에 잠겨 있을 때, 당신은 친구로서 한 방울의 위로의 눈물이라도 줄 수 있습니까? 또 인생의 꽃다운 시절을 당신 때문에 망쳐 버린 사람이 중병에 걸려 이제는 야윌 대로 야위어 병상에 누워서 눈은 멍하니 하늘을 쳐다보고, 창백한 이마에서 식은땀이 줄줄 흘러내릴 때, 당신의 힘으로는 어쩔 도리가 없음을 통절히 느끼고, 죄수처럼 베갯머리에 우두커니 서서, 전 재산을 바쳐도 어찌할 도리가 없다는 것을 깨닫고, 만일 그에게 한 방울의 강장제나 한 가닥의 용기를 줄 수만 있다면 모든 것을 다 바쳐도 좋겠다고 안타까워한들 무슨 소용이 있겠습니까!"

이런 이야기를 하는 동안에, 나는 일찍이 내가 경험한 어떤 광경이 무서운 기세로 나를 엄습해 왔네. 나는 손수건으로 눈을 가리면서 그 자리에서 앉아 있었네. 그러자 가만히 듣고 있던 로테가 말했네.

"자, 이제 그만 돌아가요."

로테의 목소리에 나는 겨우 제정신을 차릴 수 있었네. 돌아오는 길에 로테는 나더러, 모든 일에 지나치게 열을 올리면 몸에 해로우니 너무 흥분하지 않는 것이 좋다며, 자기 몸은 자기가 보살펴야 한다고 타일러 주었네.

아아, 나의 천사여! 나는 오직 그대만을 위해 살아가겠소!

7월 6일

로테는 여전히 그 위독한 부인을 간호해 주고 있네. 언제나 세심하고 상냥한 그녀가 눈을 들어 바라보기만 하면, 온갖 고통은 잠잠해지고 마음 깊은 곳에서 행복이 솟아오른다네.

어제 저녁에 로테는 마리아네와 어린 마르헨을 데리고 산책을 나갔네. 나는 이 사실을 알고 도중에서 만나 함께 걸었네. 1시간 반쯤 걸리는 곳까지 산책한 다음, 다시 시내로 돌아와 그 샘터에 다다랐네. 그 샘터는 전에도 내가 가장 좋아하던 곳이었는데, 지금은 몇 배 더 좋아하는 곳이 되었네. 로테는 나직한 돌담에 걸터앉고, 우리는 그 앞에 서 있었네. 나는 주위를 둘러보았지. 그러자 그토록 외로웠던 나의 지난날의 일이 다시 눈앞에 떠올랐네.

'사랑하는 샘물아! 그 뒤 나는 이 시원한 곳에서 목을 축이고 한 번도 쉬어 보지도 못했구나! 다급히 너의 옆을 지나가면서 너를 쳐다보지 않은 때도 많았지?'

그리고는 아래를 내려다보니, 마르헨이 컵에 물을 떠 가지고 부지런히 올라오고 있었네. 나는 로테를 쳐다보았네. 그리고 그녀가 나에게 얼마나 소중한 사람인가를 새삼 절실히 느꼈다네. 그 사이에 마르헨은 다 올라왔네. 마리아네가 그 컵을 받으려 하자, 마르헨은 귀여운 표정을 지으며 소리쳤네.

"안 돼! 로테 언니, 언니가 먼저 마셔요!"

나는 마르헨의 그 천진함과 귀여움에 감동되어 얼른 그 애를 안아 올리고 키스를 퍼부었네. 나는 내 감동을 그렇게밖에는 나타낼 수가 없었던 걸세. 그런데 마르헨은 큰 소리로 울기 시작했네.

"선생님, 안 돼요!"

하고 로테가 재빨리 말했네. 나는 당황하여 어쩔 줄 몰랐지. 그러자 로

테는 이렇게 말하며 아이의 손을 잡고 돌계단을 내려갔네.

"저리 가자, 마르헨. 솟아나는 이 깨끗한 물로 씻어. 얼른 씻어 내면 괜찮아. 그러면 아무 일도 없어."

내가 우두커니 서서 바라보고 있으려니까 마르헨은 이 신기한 샘물이 모든 더러움을 깨끗이 씻어 주고, 흉측한 수염이 나지 않도록 하는 줄 믿고 열심히 조그마한 손을 적셔 가며 마구 문질러 대는 것이었네.

"이제 그만 됐어!"

하고 로테가 말해도, 여러 번 씻어 내는 것이 효험이 있다는 듯이 언제까지고 열심히 문지르고 있었네.

빌헬름! 나는 일찍이 세례 의식에도 이토록 경건한 마음으로 참여해 본 적이 없었네. 로테가 다시 올라왔을 때, 나는 만민의 죄를 깨끗이 씻어 준 예언자의 앞에라도 나선 것처럼 기꺼이 그녀 앞에 무릎을 꿇고 싶었네.

나는 너무 기뻐서, 저녁때 이 사건을 어떤 남자에게 이야기했네. 이해심이 많은 사람이라 이 일을 이해해 주리라 생각했는데, 그 결과는 전혀 뜻밖이었네. 그는 로테의 잘못으로 아이들에게 터무니없는 생각을 불어넣어서는 안 된다는 걸세. 그것이 온갖 망상과 미신의 근원이 되기 때문에 그런 데 빠지지 않도록 우리는 어린이들을 일찍부터 지켜 주어야만 한다는 거야.

나는 그 때 이 사람이 바로 일주일 전에 자기 아이들에게 세례를 받게 했다는 사실을 생각해 냈네. 그래서 나는 그가 말하는 것을 잠자코 듣고 있었지만, 마음속으로는 이렇게 되새기고 있었지.

'우리는 하느님이 우리를 대하듯 어린아이들을 대해야 한다. 하느님은 우리를 즐거운 망상 속에 풀어놓았을 때, 우리를 가장 행복하게 할 수 있는 것이다.'

7월 8일

나는 어째서 이다지도 어린아이 같을까! 일단 보고 싶으면 보지 않고는 못 견디는 것일까? 정말 나는 어린아이라네. 우리는 발하임에 갔었지. 여자들은 마차로 갔고……. 그리고 산책하는 동안에 로테의 검은 눈동자 속에 분명히──나는 바보가 다 되었다오. 용서해 주게나. 자네에게도 그 눈동자를 한번 꼭 보여 주고 싶네. 그래야 이야기가 제대로 될 테니까. 간단히 쓰기로 하겠네. 지금 너무 졸려서 견딜 수가 없거든.

여자들이 마차에 올라타자, 젊은 W군과 젤슈타트, 아우드란, 그리고 나는 마차 주위에 둘러섰네. 마차 안의 여자들과 바깥에 둘러선 남자들 사이에 대화가 오고갔지. 모두들 수다스럽고 쾌활한 친구들이거든.

나는 로테의 눈길을 찾고 있었다네. 아, 그러나 그녀의 눈길은 이 사람 저 사람한테로 옮아갈 뿐, 끝내 나에게는 쏠리지 않았어. 나는 그만 단념할 수밖에 없었네. 나는 마음속으로 안녕이라는 인사를 천 번도 더 외쳤을 걸세. 결국 나를 거들떠보지 않은 채 마차가 떠나갔네.

눈에서 눈물이 핑 돌았네. 멀어져 가는 마차를 바라보고 있으려니까, 머리 장식이 마차의 문 밖으로 내비치더니, 그녀가 뒤를 돌아다보는 게 아닌가. 아아! 혹시 나를 보기 위해서 그랬을까?

친구여! 어느 쪽인지 알 수가 없어서 나는 갈피를 잡지 못하고 있네. 아마 나를 돌아다본 것이겠지? 오직 이것만이 나의 유일한 위안일세. 그럼 안녕! 아아, 어쩌면 나는 이다지도 어린아이 같을까!

7월 10일

무슨 모임같이 사람들이 모여 있는 자리에서 로테에 대한 이야기가 나오면, 내가 얼마나 당황하는지 자네에게 보여 주고 싶을 정도라네. 누군가가 내게 로테가 마음에 드냐고 묻기라도 하면──아니, 마음에 들다니! 이런 말이 듣기 싫어 죽을 지경이라네. 로테가 마음에 드는 사람 치고 그녀로 인해 모든 감정이나 생각이 충만되지 않는 사람이 있을까? 마음에 들다니! 며칠 전에 오시안(아일랜드의 오시안 전설의 주인공)이 마음에 드냐고 나한테 묻는 사람이 있더군.

7월 11일

M부인의 병세가 매우 위독하다네. 나는 부인의 생명을 위해 기도하고 있다네. 로테와 괴로움을 함께 나누고 있으니 말이야. 내가 그 부인 집에서 로테를 만나는 건 아주 드문 일이지만, 오늘 로테는 나에게 놀라운 이야기를 들려주었다네.

남편인 M이라는 노인은 아주 탐욕스러운 구두쇠로서, 여태껏 그 부인을 몹시 고생시키고 야박하게 굴어 왔다는 거야. 그러나 부인은 어려운 대로 겨우겨우 살림을 꾸려 왔다는 걸세.

며칠 전에 의사가 그 부인에게 앞으로 살 날이 얼마 남지 않았다는 사실을 알리자, 그녀는 남편을 병상으로 불러 로테도 함께 있는 자리에서 이렇게 말했다더군.

"당신에게 고백해야 할 일이 한 가지 있어요. 제가 죽은 뒤에 말썽이 일어나서는 안 되겠기에 드리는 말씀이에요. 저는 여태까지 최대한으로 절약하면서 집안 살림을 꾸려 왔어요. 그런데 한 가지 당신에게 용서를 구하고 싶은 것이 있어요. 나는 지난 30년 동안 줄곧 당신을 속여 왔어요. 당신은 우리가 결혼했을 때, 부엌 살림에 소용되는 경비와 집안 살림의 비용조로 얼마 안 되는 금액을 결정하셨지요. 그 뒤로 우리의 살림 규모도 늘고 장사가 확장되었는데도, 매주 당신이 주시는 돈은 변함이 없었어요. 좀더 올려 달라고 제가 아무리 간청을 해도 당신은 들어주지 않았지요. 길게 말하지 않더라도, 살림 규모가 가장 커졌을 때에도 일주일에 7굴덴의 돈으로 꾸려 나가라고 말한 것은 당신이 더 잘 아시겠지요. 나는 군소리 않고 그 돈을 받아 왔지만, 모자라는 돈은 매주 가게의 매상금 중에서 충당해 왔어요. 당신은 설마 한 집안의 주부가 매상금의 일부를 훔치리라고는 생각지 않을 테니까요. 하지만 저는 조금도 낭비하지 않았어요. 이런 고백을 하지 않더라도 마음 편히 저 세상으로 갈 수 있을 거예요. 다만 제 뒤를 이어 살림을 꾸려 나갈 사람이 그 돈으로는 어림도 없을 텐데, 당신은 또 보나마나 그전 마누라는 그 돈으로 거뜬히 꾸려 나갔노라고 우기실 테니, 그 생각을 해서 이렇게 말씀드리는 거예요."

나는 인간의 어리석음에 대하여 로테와 이야기를 주고받았네. 7굴덴으로 그 두 배나 돈이 드는 살림을 꾸려 나가고 있다면 그 뒷면에는 뭔가 비밀이 있는 게 아닌가 하는 의심이 들 텐데, 그것을 조금도 이상하게 여기지 않다니. 그러나 나는 자기 집에 예언자의 기름 단지(구약 《열왕기 하》에, 예언자 엘리야가 어느 과부의 집에 묵고 있을 때 한 줌의 밀가루가 독에서 없어지지 않고, 몇 방울의 기름이 병에 언제나 남아 있었다고 함)라도 있는 줄 아는 인간이 있다는 것을 알고 있네.

7월 13일

이건 내가 결코 잘못 생각한 것이 아닐세! 나는 그녀의 검은 눈동자 속에 나에 대한, 그리고 나의 운명에 대한 동정을 엿볼 수 있다네. 그래, 나는 그것을 느낄 수 있네. 그녀는 아아, 나는 나의 천사를 천국의 말로 표현할 수 있을까? 그녀는 나를 사랑하고 있다고 말일세!

틀림없이 나를 사랑하고 있네! 그녀가 이렇게 나를 사랑하게 되면서부터 나는 나 자신에 있어서 그지없이 소중한 존재가 되었다네. 나는 얼마나——자네에게는 아마 이런 말을 해도 무방할 테지. 자네는 그것을 이해할 만한 사람이니까——나 자신을 존경하게 되었는지 모른다네.

이것은 나의 지나친 자만일까? 혹시 잘못 생각하는 건 아닐까? 나는 로테의 마음속에 내가 두려워해야 할 사람이 있으리라고는 생각할 수 없네. 하지만, 그녀가 자기의 약혼자에 대한 열의와 사랑을 드러내며 이야기할 때면, 나는 명예와 지위를 모조리 박탈당하고 대검까지 빼앗겨 버린 사람이 되어 버린다네.

7월 16일

어쩌다 내 손가락이 그녀의 손가락에 닿거나, 우리의 발이 테이블 아래에서 맞닿거나 할 때면, 아아, 나의 몸 속의 뜨거운 피가 소용돌이를 치네. 그러면 나는 불에 닿기라도 한 것처럼 얼른 그 손가락이나 발을 움찔하게 되지만, 곧 어떤 신비로운 힘이 나를 앞으로 떠밀어 준다네. 모든 감각이 일시에 마비되어 현기증이 날 지경이야.

아아, 천진난만한 로테는 그런 무심한 손짓이나 발짓이 나를 얼마나 괴롭히는가를 전혀 알지 못한다네. 뿐만 아니라, 이야기에 한창 신이 나면 손을 내 손등 위에 얹기도 하고, 그녀의 입술에 닿을 정도로 몸을 가까이 대는 경우도 있네. 그럴 때면 나는 벼락이라도 맞은 것처럼 넋을 잃고 쓰러질 것만 같다네.

빌헬름! 내가 언젠가는 한 번 대담하게 이 천사를, 이 꽃 같은 사람을……! 자네는 이러한 내 심정을 알고 있을 테지.

나는 결코 그토록 타락하지는 않았네! 다만 약할 뿐이지. 그러나 이약하다는 것이야말로 정말 타락이 아닐까?

그녀는 내게 있어서는 신성 불가침의 존재일세. 그녀 앞에 나서면 일체의 욕망이 사라져 버리네. 그녀가 곁에 있으면 그만 넋을 잃은 사람이 되어 버리네. 마치 모든 신경이 마비되고 혼백이 빠져 나가는 것만 같아.──그녀는 일종의 선율을 지니고 있지. 천사와 같은 힘을 빌려 치는 피아노 소리는 극히 소박하고 재치가 있다네. 그녀가 즐겨 부르는 가곡의 첫 절만 두드려도 모든 괴로움과 혼란과 번민은 그만 사라져 버리지.

음악이 가진 매력에 대해 예로부터 전해 오는 이야기들이 허무맹랑한 거짓말이 아니라고 여기게끔 되었네. 로테의 그 소박한 멜로디가 내 마음을 얼마나 매혹시키는지. 그리고 가끔 내가 내 자신의 이마에 총알이라도 한 방 쏘고 싶을 때면 그것을 알아차리기라도 한 듯이 그녀는 으레 그 아름다운 노래를 불러 준다네. 그러면 내 마음의 혼란도, 어둠도 홀연히 사라져 버리고 나는 다시 자유롭게 호흡을 할 수 있게 된다네.

7월 18일

빌헬름! 만일 이 세상에 사랑이 없다면 우리의 마음은 어떻게 될까? 불빛 없는 램프와 다를 바 없을 걸세! 그 안에 불을 붙여 놓아야만 비로소 흰 벽 위에 찬란한 영상이 비치는 것이네. 비록 그것이 일시적인 환상에 지나지 않는다 하더라도, 우리가 어린애들처럼 그 앞에 서서 신비로운 광경에 가슴 설렌다면, 그것은 우리에게 행복을 가져다 주기에 충분한 것일세.

오늘은 로테에게 갈 수 없었네. 피치 못할 모임이 있었기 때문이지. 그래서 내가 어떻게 했는지 아나? 나는 하인에게 로테네 집에 갔다오라고 시켰다네. 누구든지 로테의 곁에 가까이 가 있던 사람을 내 몸 가까이에 있도록 하고 싶었던 걸세. 그 하인이 돌아오기를 내가 얼마나 고대했는지 모를 걸세. 그가 돌아왔을 때, 얼마나 기뻤던지 하인의 머리를 껴안고 입이라도 맞추고 싶을 정도였지.

형광석은 햇빛을 흡수해서, 밤이 되어도 얼마 동안은 빛을 낸다고 하는데, 나에게는 이 젊은 하인이 그와 같은 존재였네. 로테의 눈길이 그의 얼굴, 그의 뺨, 그의 윗옷 단추, 그리고 그의 외투깃에 멎었다고 생각하니, 그 모든 것이 나에게 그지없이 신성하고 소중한 것으로 여겨졌네. 그 순간 누가 천 달러를 준다고 해도 그를 넘겨주지 않았을 걸세. 그와 함께 있는 것만으로도 그토록 좋았으니까.

제발 비웃지 말게, 빌헬름! 우리를 즐겁게 하는 것이 어찌 환상이라고 할 수 있겠나?

7월 19일
'그녀를 만나야지!'
아침에 눈을 뜨면 밝은 마음으로 아름다운 태양을 맞이하면서 나는 이렇게 외친다네.
'그녀를 만나야지!'
이 생각만으로도 나는 하루 종일 아무것도 바라는 것이 없네. 나의 모든 것이 이 소망 속에 잠겨 버리거든.

7월 20일
자네는 내가 공사를 맡아 ×××로 가는 게 좋겠다고 하지만, 나는 그럴 의향이 전혀 없네. 나는 남의 밑에서 일하는 걸 그다지 좋아하지 않거든. 게다가 그 공사가 고약하다는 것쯤은 누구나 다 알고 있는 사실이고. 어머니께서 내가 일하기를 바라고 계시다는 자네 글을 읽고 나는 웃지 않을 수 없었네. 내가 지금 일하고 있지 않단 말인가? 완두콩을 세고 있건 편두콩을 세고 있건 결국은 마찬가지 아닌가? 세상일은 무엇이든지 따지고 보면 다 하잘것없는 것들일세. 그리고 자기 자신의 정열이나 욕구를 위해서가 아니라, 돈이라든가 명예 따위를 얻으려고 그저 남이 시키는 대로 악착같이 덤비는 자들이야말로 진짜 어리석은 사람이겠지.

7월 24일

그림 그리기를 소홀히 하지 말라고 자네는 충고하고 있지만, 나로서는 그 문제는 잊어버리고 싶네. 솔직히 말해서, 그 이후로 나는 그림을 거의 그리지 않고 있는 실정이네.

지금처럼 내가 행복했던 적은 일찍이 없었네. 돌멩이 하나에서 풀잎 한 포기에 이르기까지 자연에 대한 감수성이 내 가슴속에 지금처럼 충만했던 적도 없다는 걸세. 그런데 이것을 어떻게 표현해야 좋을지 정말 모르겠군.

나의 표현력이 실로 미약하기 짝이 없네. 모든 것이 내 영혼 앞에서 아른거리기만 할 뿐, 윤곽조차도 포착할 수가 없네. 그러나 찰흙이나 밀랍이라도 있으면 무엇이고 빚어서 만들어 낼 수 있을 것 같네. 이런 심정이 오래 계속되기만 하면 흙을 손에 쥐어 볼는지도 모르지. 비록 완성되는 것이 과자 따위에 지나지 않는다 하더라도 말일세.

나는 로테의 초상화를 세 번이나 그려 보았지만, 번번이 실패하고 말았네. 전에는 꽤 솜씨 있게 그릴 수 있었는데. 그래서 한층 더 울화가 치밀어오르더군. 그 뒤 나는 그녀의 실루엣을 그렸다네. 그것으로 만족할 수밖에 없지.

7월 26일

사랑하는 로테여! 모든 일을 잘 알아서 처리할 테니, 부디 좀더 많은 일을 맡겨 주시오. 얼마든지 환영합니다. 그런데 한 가지 부탁이 있소. 내게 보내는 편지에는 잉크를 말리는 모래를 뿌리지 말기 바랍니다. 오늘도 편지를 입술에 갖다 대었더니 입술이 깔깔합니다.

7월 27일

로테를 너무 자주 찾아가지 않으려고 몇 번이나 결심을 했는지 모른다네. 그러나 어떻게 그것을 지킬 수 있겠나. 나는 날마다 그 유혹에 넘어가 버리고 나서는, 내일은 찾아가지 말자고 또다시 엄숙히 맹세를 한다네. 그러나 그 내일이 되면 금세 찾아갈 만한 이유를 찾아낸다네. 그리하여 나도 모르는 사이에 이미 그녀 곁에 가 있는 것이었네.

'내일도 오시겠어요?' 하고 로테가 말하면, 그 누가 찾아가지 않을 도리가 있겠는가? 그녀가 어떤 일을 부탁하면, 그녀에게 그 결과를 알려 주기 위해 직접 찾아간다네. 또는 맑게 갠 날 발하임으로 산책을 나가기라도 하면, '불과 30분이면 갈 수 있는 곳인데' 하고는 그녀의 집 쪽으로 발길을 옮긴다네. 그러다가 문득 너무 그녀 가까이에 왔다고 생각하는 순간, 나는 벌써 그녀의 곁에 가 있다네.

어릴 때 우리 할머니는 곧잘 자석산 이야기를 해 주셨지. 배가 그 산 가까이 다가가면, 별안간 배 안의 쇠붙이란 쇠붙이는 모두 그 산으로 빨려 들어가 버리는 바람에 뱃사람들은 가엾게도 산산이 흩어진 널빤지를 잡고 버둥거리다 죽는다는 내용이었지.

7월 30일

알베르트가 돌아왔네. 나는 이제 이곳을 떠나야만 하겠지. 그가 기품 있고 선량한 인물이어서 나 같은 것은 어느 모로 보나 비할 바가 못 되는 처지라, 그를 정면으로 바라본다는 것은 나로서는 도저히 감당할 수 없는 노릇일세. 빌헬름! 어쨌든 그녀의 약혼자가 돌아온 걸세.

나에게는 그를 미워할 아무런 이유가 없지. 그는 참으로 훌륭하고 존경할 만한 사나이니까. 로테가 그를 마중 나갈 때, 다행히도 나는 그 자리에는 있지 않았네. 만일 그 자리에 있었더라면 가슴이 미어지는 듯한 아픔을 느꼈을 걸세.

그는 또한 사려 깊은 사람으로, 내가 보는 앞에서는 아직 한 번도 로테에게 키스를 한 적이 없다네. 그가 로테를 존경하고 있다는 것만으로도 나 또한 그를 존경하지 않을 수가 없네. 그도 나에게 호의를 보이고 있지만, 아마도 그의 마음에서 우러나왔다기보다는 로테가 그렇게 유도했기 때문인 듯하네.

여자란 이런 점에서는 빈틈이 없으니까. 한 여자가 자기를 좋아하는 두 남자들이 서로 사이좋게 지내도록 할 수가 있다면 이득을 보게 되는 것은 언제나 여자 쪽이거든. 물론 이런 경우는 드물지만.

아무튼 나는 알베르트를 존경하지 않을 수 없네. 그의 의젓한 태도는 모든 일에 안절부절못하는 내 성격과 좋은 대조를 이루지. 또한 그는 감수성도 풍부해서 로테의 가치도 잘 알고 있네. 불쾌한 감정을 드러내는 일도 별로 없고. 불쾌한 감정이야말로 내가 무엇보다도 증오하는 죄악이라는 것을 자네도 알고 있지 않은가?

알베르트는 나를 사려 깊은 사람으로 여기고 있는 모양이야. 그런데 내가 로테를 사모하고 그녀의 모든 움직임에 매혹되어 있는 것에 대해 그는 우월감을 느끼고 더욱 로테에게 사랑을 쏟고 있는 것 같더군. 때로는 그도 사소한 질투로 로테를 괴롭히는 일이 있을지 모르지만, 그런 것을 알아서 무엇 하겠나? 내가 만약 알베르트의 처지라도 '질투'라는 악마의 손아귀에서 깨끗이 벗어날 수 있으리라고는 장담할 수 없으니까.

그러나 어찌 되었든, 로테 곁에 있을 수 있는 나의 기쁨은 이제 사라져 버렸네. 내가 어리석었다고 한들, 눈이 멀었다고 한들, 뭐라고 하든 그게 무슨 상관이겠는가? 사실 그 자체가 말해 주고 있는 것을! 나는 알베르트가 돌아오기 전부터 이렇게 되리라는 것을 알고 있었네. 나는 로테에게 그 어떤 것도 요구해서는 안 된다는 것도 알고 있었고, 또 아무런 요구도 하지 않았지. 하지만 그토록 사랑하는 사람을 만나 가만히 있는다는 것도 한도가 있지 않겠나? 그런데 마침내는 그 약혼자가 나타나서 그녀를 빼앗아 가 버리자, 이 어리석은 바보는 그만 눈이 휘둥그레져 있다네.

나는 이를 악물고 나 자신의 비참한 몰골을 비웃고 있다네. 그러나 만일 누가 나더러 단념하라고 한다면 나는 그자를 몇 배 더 비웃어 주겠네. 그런 허수아비 같은 친구는 내 눈앞에서 없어져 버려라! 숲 속을 돌아다니다 보면 어느 새 나는 로테의 집으로 간다네. 그러면 알베르트가 그녀와 함께 정원의 정자에 앉아 있다네. 나는 그만 못박힌 듯 그 자리에 서 버리게 된다네. 그럴 때면 나는 마음껏 장난기를 발동시켜 익살을 부리고 허튼 수작을 하지. 그러면 로테는 또 이렇게 내게 말한다네.

"제발 부탁이에요. 어저께와 같은 그런 행동은 하지 말아 주세요. 그런 식으로 지나치게 쾌활하게 구시면 저는 겁이 나요."

자네에게만 고백하지만, 나는 알베르트가 일이 바쁜 때를 노리고 있다가 그 틈을 타서 로테를 찾아간다네. 그러면 으레 그녀는 혼자 있게 마련이지. 그 때 나의 마음은 너무 기뻐 이루 말로 표현할 수가 없네.

8월 8일

빌헬름! 용서하게나. 피치 못할 운명에 대해서는 얌전히 순종하라고 말하는 그런 인간을 비난했지만, 자네를 두고 한 말은 결코 아니었네. 자네도 그러한 의견일 것이라고는 상상조차 하지 않았었지. 하지만 따

지고 보면 자네 말이 옳아. 하지만 한 가지 이의가 있네.

벗이여! 이 세상에는 이것이 아니면 저것으로 딱 부러지게 결말이 나는 경우는 극히 드문 법일세. 매부리코와 납작코 사이에는 여러 종류의 코가 있는 것처럼, 인간의 감정과 행동에는 실로 다양한 변화와 차이가 있는 걸세.

나는 자네의 의견이 전적으로 옳다고 인정하지만, 내가 여전히 이것 아니면 저것의 사이를 헤엄쳐 나가려 하더라도 제발 나를 나쁘게 생각하지는 말아 주게나.

자네가 말하는 것은, 로테에 대하여 희망을 가지든지, 단념하든지 어느 쪽이든 결단을 내리라고 말하는 거지? 만약 희망이 있다면 끝까지 밀고 나가서 그 희망을 이루도록 노력하고, 희망이 없다면 결단을 내려서, 자기의 온 정력을 좀먹는 비참한 감정으로부터 탈피하도록 노력하라는 말이지? 벗이여! 물론 그럴듯한 말이야. 그러나 그것은 말은 쉽지만 실천하기는 매우 어려운 일이라네.

자네는 서서히 악화되어 가는 질병으로 하루하루 죽음을 향해 가고 있는 불행한 병자더러 차라리 비수로 목을 찔러 단숨에 그 고통에 종지부를 찍으라고 권유할 수 있겠는가? 고열로 기운을 소모시키는 질병은 동시에 그 질병으로부터 자신을 해방시키려는 용기마저도 빼앗아 가는 것 같네.

자네는 다른 비유를 끌어다 반론을 제기할 수도 있겠지. 즉, 언제까지나 주저하고 망설이다가 생명을 잃는 것보다는 상처 난 팔을 끊어 버리는 편이 낫지 않느냐고 말일세. 글쎄, 모르겠네. 비유를 끌어다 옥신각신 논쟁을 벌이는 짓은 그만두기로 하세.

아무튼 빌헬름, 때때로 나는 모든 고뇌를 훌훌 털어 버릴 수 있는 용기가 솟아나는 때가 있다네. 나는 내가 가야 할 곳이 어딘지를 알게 되는 그 때가 되면, 나는 그 곳을 향해 걸어가기 시작할 걸세.

8월 8일 저녁

얼마 동안 팽개쳐 두었던 일기장을 오늘 무심코 펼쳐보고 놀랐네. 나는 뻔히 알고 있으면서도 현재의 이런 사태 속으로 한 걸음 한 걸음 빠져 들어오고 있었던 걸세! 언제나 나 자신을 명확하게 인식하고 있으면서도 어린아이같이 처신해 왔네. 그런 줄 알면서도 여기서 헤어나게 되지를 않는군.

8월 10일

내가 만일 바보가 아니었더라면 행복한 나날을 보낼 수 있었을 것을……. 한 인간의 마음을 기쁘게 해 주기 위해서라면, 지금 내가 처해 있는 환경만큼 갖가지 조건이 갖추어져 있는 일은 별로 없을 걸세. 정녕 우리의 마음만이 우리의 행복을 빚어낼 수 있다는 그 말은 틀림없는 진리라네. 나는 지금 단란한 가정의 한 식구가 되다시피 해서, 노인들에게는 친아들처럼 사랑을 받고, 아이들로부터는 아버지처럼 흠모를 받으며, 또 로테에게서도……. 그리고 성실한 알베르트도 변덕이나 무례한 언동으로 내 행복을 손상시키는 일도 결코 없다네.

그는 진심에서 우러나는 우정으로 나를 감싸주고 있네. 그는 이 세상에서 로테 다음으로 나를 사랑해 주고 있네! 우리가 함께 산책을 하면서 로테에 대한 이야기를 주고받는 것을 누가 옆에서 듣는다면 재미있을 걸세. 세상에서 우리 두 사람의 관계처럼 우스꽝스러운 것이 또 있을까? 생각하면 생각할수록 눈물이 솟곤 한다네.

어느 날 알베르트는 이런 이야기를 나에게 들려주었네. 성품이 곧은 로테의 어머니는 임종할 때, 집안일과 아이들을 로테에게 부탁하고, 로테는 자기에게 맡겼다는 걸세. 그 이후로 로테는 완전히 딴사람이 되어, 아이들에 대한 애정과 집안 살림에 대한 걱정을 잊어버리는 일이 없었으며, 타고난 쾌활한 마음씨를 상실한 일이 없었다고 했네.

나는 알베르트와 나란히 걸어가면서 길가의 꽃을 꺾어 공들여 꽃다발을 만든 다음, 흘러가는 개울물에 그 꽃다발을 던지고 그것이 천천히 떠내려가는 것을 바라보았다네.

자네에게 써 보냈는지 잘 기억이 나지 않지만, 알베르트는 이 고장에 머물러 있으면서 궁정으로부터 상당한 급여가 지급되는 어떤 관직에 앉게 될 모양일세. 그는 궁정으로부터 꽤 호평을 받고 있다네. 그만큼 일을 착실하고 부지런하게 해내는 사람을 나는 본 적이 없네.

8월 12일

분명히 알베르트는 이 세상에서 가장 선량한 인간일세. 그런데 나는 어제 그와 더불어 한바탕 기묘한 논쟁을 벌였네. 나는 작별 인사를 하러 그의 집에 찾아갔던 걸세. 말을 타고 산으로 여행을 하고 싶어졌거든. 지금 이 편지도 여행지에서 쓰고 있는 것이라네. 그의 방 안을 이리저리 둘러보고 있으려니까, 권총이 눈에 띄더군.

"저 권총을 좀 빌려 주시겠습니까? 여행 중에 호신용으로 좀 가져가고 싶군요."

"좋도록 하세요. 다만 총알을 장전하는 수고는 당신이 해야 할 겁니다. 우리 집에서는 그저 장식용으로 걸어 놓았을 뿐이니까요."

나는 권총 한 자루를 집어 내렸지. 알베르트는 말을 계속했다네.

"뜻하지 않게 엉뚱한 사건이 벌어진 뒤로는 이제 손도 대기 싫어졌습니다."

내가 그 사연을 묻자, 그는 이렇게 이야기하는 것이었네.

"시골에 있는 어느 친구 집에 석 달 정도 머물렀던 적이 있었지요. 나는 한 쌍의 소형 권총을 장전도 하지 않은 채 갖고 있었는데, 그래도 밤에는 아무 걱정 없이 잘 잤답니다. 그런데 비가 내리던 어느 날 오후, 어찌된 영문인지 문득 강도가 언제 덮칠지도 모르겠다는 생각이 들면서 권총이 필요할지 모른다고 생각했지요. 그런 기분, 당신도 이해하겠지요? 그래서 나는 하인에게 권총을 내주며, 손질을 좀 하고 총알을 장전하라고 일렀어요. 그런데 그 하인이 하녀들과 장난을 치느라고 권총으로 위협하는 시늉을 하다가 그만 권총이 발사되었지 뭡니까. 방탄 장치가 되어 있는데도 탄환이 발사되어 하녀 아이의 엄지손가락이 으스러지고 말았지요. 울고불고 소동이 벌어져 나는 치료비까지 물어 줘야 했답니다. 그런 뒤로 나는 아예 총알을 장전하지 않고 놓아 두기로 했어요. 아무리 조심해 봤자 소용이 없어요. 위험이란 예측할 수 없는 것이거든요. 하기는……."

자네도 알다시피 나는 알베르트란 인물을 무척 좋아하지만, 이 '하기는' 이란 말만은 질색이라네. 어떤 원칙이나 원리에도 예외가 있는 것은 뻔한 일 아닌가.

그런데 이 친구는 자기 말이 꼭 정론이 되어야만 직성이 풀리는 걸세. 약간 경솔한 말을 했다거나, 일반적인 말, 혹은 불확실한 발언을 했다 싶으면, 그는 자기가 한 말을 다시 수정하기도 하며 한없이 늘어놓아서, 나중에는 어떤 것이 본래 이야기인지 모르게 되어 버리곤 한단 말일세.

이번에도 그는 장황하게 파고들며 변론을 하는 것이었네. 결국 나는 그의 말에는 더 이상 귀를 기울이지 않고, 엉뚱한 환상에 빠져 권총 부리를 내 오른쪽 눈 위의 이마에 갖다 대었다네.

"저런! 이게 무슨 짓이오?"

하면서 알베르트는 내 손에서 권총을 빼앗았네.

"총알두 없는데 뭘 그럽니까?"

"그야 물론 그럴 테지만, 총알이 들어 있지 않더라도 이게 무슨 흉측한 짓이란 말입니까? 나로서는 상상도 할 수가 없어요. 어떻게 인간이 자신을 쏠 정도로 어리석을 수가 있는지, 생각만 해도 불쾌해요."

"당신과 같은 부류의 사람들은 어떤 일에 대한 이야기를 하면서, 그것은 어리석다, 그것은 현명하다, 그것은 좋다, 그것은 나쁘다 하고 한 마디로 잘라서 말을 해야만 직성이 풀리는 모양인데, 대체 그런 것에 어느 만큼의 뜻이 있는 겁니까? 어째서 그러한 행위를 했을까, 또는 왜 하지 않을 수 없었을까를 헤아려 본 적이 있습니까? 만일 그것이 가능하다면 그렇게 딱 잘라 말하지는 않을 겁니다."

그러자 이 말에 알베르트는 이렇게 대꾸했네.

"그러나 당신도 시인하겠지요? 어떤 종류의 행위는 그것이 어떤 동기에서 행해졌던 간에 죄악이라는 점을 말입니다."

나는 어깨를 움츠리며 그의 말에 일단 동의했네.

"그러나 그 경우에도 약간의 예외는 있어요. 도둑질이 죄악이라는 것은 의심할 여지가 없어요. 그러나 자기 자신과 가족들이 당장 굶어죽게 되었을 때, 굶어죽는 것을 면하기 위하여 도둑질을 했다면, 우리는 그자를 동정해야 할까요, 벌을 주어야 할까요? 정당한 분노가 치받치어 부정한 아내와 그녀의 비열한 유혹자를 살해한 남편에게 누가 맨 처음 돌을 던질 수 있겠습니까? 사랑에 도취된 나머지, 이성을 잃고 억누를 길 없는 사랑의 환락에 몸을 내맡긴 처녀에게 누가 맨 먼저 돌을 던질 수 있겠습니까? 냉혹하기 짝이 없는 법률이라는 이름의 측정기일지라도 감동되어 그에 대한 형벌을 보류할 것입니다."

"그것은 별개의 문제지요. 왜냐하면, 자기 정열에 사로잡혀 이성을 잃는 사람은 술 취한 사람이나 미친 사람과 같이 간주되니까요."

알베르트가 이렇게 대답하자 나는 미소를 지으며 외쳤네.

"아아, 당신네 이성적인 사람들이여! 정열이니 술 취한 사람이니 미친 사람이니 하면서 당신들은 마치 남의 일처럼 태연하군요. 훌륭한 도덕군자들입니다. 술 취한 사람을 나무라고, 미치광이를 외면하면서 마치 성직자들처럼 그 옆을 지나서는, 바리새 인들처럼 그들을 바라보며 자기가 그러한 인간 가운데 하나로 태어나지 않은 것을 하느님께 감사하겠지요. 나는 술 취한 적이 여러 번 있습니다. 격정에 사로잡혀 거의 제정신을 잃은 적도 있었지요. 그러나 나는 그 어느 경우에도 후회하지 않습니다. 위대한 업적, 불가능한 것으로 여겨졌던 일을 성취한 비범한 인간들은 옛날부터 모두 주정뱅이라느니 미치광이라느니 하는 지탄을 받았던 사람들이라는 것을 알고 있으니까요. 그러나 평범한 일상생활에서도 흔히 누가 상상을 초월하는 대담한 일을 할라치면, 예외 없이 '저놈은 미쳤어, 저놈은 바보야' 하고 욕지거리를 하니, 이건 정말 참기 어려운 일입니다. 근엄하고 현명한 분이야말로 부끄러운 줄을 알아야 하지 않을까요!"

"그것 역시 당신의 편협한 생각에서 나오는 말이지요. 당신은 무엇이든 지나치게 과장을 합니다. 지금도 자살이라는 행위를 무슨 위대한 행위에 비하고 있으니 말입니다. 하지만 그건 당치않은 일입니다. 자살은 아무래도 의지가 박약한 행위로밖에는 볼 수 없어요. 왜냐하면, 고통스러운 인생을 꿋꿋이 견디며 살아 나가기보다는 죽어 버리는 편이 훨씬 간단하니까요."

나는 그만 논쟁을 끝맺으려 했네. 이쪽에서는 진지하게 이야기를 하고 있는데 상대방이 흔해빠진 상투적인 문구로 응대를 해 오면 더 이상 이론의 근거를 잡을 수 없기 때문이지. 그러나 그 전에도 여러 차례 들었고 몇 번 화를 낸 일이 있으므로, 나는 마음을 가라앉히고 약간 쾌활한 어조로 이렇게 말했네.

"당신은 그걸 의지가 박약한 행위라고 말하는 거요? 제발 겉만 보고 현혹되지 마세요. 폭군의 지독한 압제에 시달리고 있던 민족이 마침내 궐기하여 그 압제의 쇠사슬을 끊었을 때, 그것을 당신은 의지가 박약한 행위라 할 수 있소? 자기 집에 불이 난 것을 보고 여느 때에는 들어 볼 엄두조차 낼 수 없는 무거운 물건을 번쩍 드는 사람이라든가, 또는 모욕을 당하고 격분해서 여섯 사람을 상대로 싸워 이기는 사람을 의지가 박약한 인간이라고 해야만 옳단 말입니까? 이봐요, 인간의 노력은 무서운 것이라고 하면서 어찌하여 이러한 극도의 긴장이 빚어 내는 힘을 약하다고 합니까?"

알베르트는 나를 바라보며 이렇게 말했다.

"실례의 말이지만, 당신이 말한 보기는 이 경우에는 들어맞지 않는 것 같소."

"그럴지도 모르지요. 여러 차례 비난을 받은 바 있지요. 나의 연상이 때때로 엉뚱한 곳으로 뻗어 나간다고 말입니다. 그렇다면 다른 논법으로 내 의견을 말해 보겠습니다. 보통의 경우라면 즐거워야 할 인생을 포기해 버리려고 결심하는 사람의 심정은 도대체 어떤 것일까요? 우리는 똑같이 그 기분을 공감할 수 있는 범위 내에서만 그 문제를 논할 자격이 있는 것이니까요. 인간의 본성에는 어떤 한계가 있는 겁니다. 기쁨이나 슬픔, 고통 등도 어느 일정한 한도까지는 견뎌 낼 수가 있지만, 그 한도를 넘어서면 파괴되고 맙니다. 이건 사람이 약하다거나 굳세다거나 하는 문제가 아니라, 자신이 당하고 있는 고통을 어느 한도까지 견뎌 낼 수 있는가 하는 문제지요. 정신적인 면에서나 육체적인 면에서나 말입니다. 그러므로 내가 자기 생명을 스스로 끊는 것을 비겁하다고 하는 것은, 악성 열병으로 죽어 가는 사람을 비겁하다고 말하는 것과 마찬가지로 타당하지 않다고 생각합니다."

"그건 궤변입니다! 말도 안 되는 궤변이에요!"

하고 알베르트가 외쳤네. 그래도 나는 이에 맞서며 계속 말했다네.

"당신이 생각하듯이 이것은 결코 지나친 궤변이 아닙니다. 가령 육체가 병들고, 기력도 기능도 쇠약해져서 어떠한 수단과 방법을 다 동원해도 정상적인 삶을 살 수 없을 때, 우리는 그걸 죽음에 이르는 병이라 하는 데는 당신도 동의하겠지요? 그렇다면 이것을 정신에 적용해 봅시다. 어떤 인간이 정신적으로 구속을 받고 있다고 생각해 봐요. 여러 가지 영향이 그를 누르고, 생각이 고정되고, 마침내 불타오르는 정열로 말미암아 냉철한 사고 능력이 상실된 끝에 그는 파멸하고 마는 겁니다. 냉철하고 이성적인 사람이 이 불행한 사람의 정신 상태를 위에서 내려다보며, 여러 모로 관찰할 수도 있고 충고도 할 수 있겠지만, 그것이 대체 무슨 도움이 되겠습니까? 그것은 환자의 병상 곁에 아무리 건강한 사람이 서 있다 하더라도 자기 힘을 만분의 일도 환자에게 주입시켜 줄 수 없는 것과 마찬가지지요."

이런 말은 알베르트에게는 한낱 추상적인 이야기에 불과한 것 같아, 나는 얼마 전에 연못에 투신 자살한 한 소녀의 일을 상기시키고, 그 이야기를 되풀이해 주었지.

"참 착한 아가씨였지요. 집안 일을 돌보며, 지극히 좁은 테두리 안에서 자라났답니다. 일요일이 되면 조금씩 저축해서 장만한 나들이옷을 입고 같은 또래의 친구들과 어울려 교외로 산책을 나간다거나, 큰 축제일에 무도회에 참석한다거나 하는 것 외에는, 남들의 평판이며 뒷소문 이야기로 이웃집 처녀들과 몇 시간이고 수다를 떤다거나 하는 것이 고작이었죠. 그런데 이 아가씨의 열정적인 성격이 마침내 내적인 욕망을 불러일으키게 되었고, 사내들의 추켜올림은 그녀의 욕망을 더욱 부채질했던 것입니다. 그래서 여태까지 즐거움으로 여겨 왔던 일들이 차츰 시들해져 갔지요. 그러다가 마침내 한 남자를 만나게 되었지요. 여태껏 알지 못했던 감정에 이끌리어 자기의 모든 희망을 그 남자에게 걸고 주위의 세계를 잊어버렸지요. 자기에게 유일한 존재인 그 남자 외에는 아무것도 보이지 않고, 아무것도 들리지 않고, 아무것도 느끼지 않게 된 상태로, 오로지 유일한 존재인 그 남자만을 그리워하게 된 것입니다. 그녀의 소망은 오직 그의 아내가 되는 것이었지요. 지금까지 누려 보지 못했던 모든 행복과 기쁨을 그와의 영원한 결합 속에서 찾아내려 한 것입니다. 거듭되는 사나이의 맹세에 모든 희망이 확실히 보장된 것으로 믿고, 그의 대담한 애무에 그녀의 욕정은 날로 불타올랐던 것이지요. 그녀는 황홀경 속에서 온갖 기쁨을 예감하며, 극도로 긴장된 심경으로 마침내 자기의 소망을 품에 안으려고 두 팔을 벌렸답니다. 그러나 사랑하는 그 남자는 그녀를 버렸습니다. 그녀는 넋을 잃고 깊은 연못 앞에 멈춰 섭니다. 사방은 온통 암흑이요, 아무런 목적도, 아무런 위안도, 아무런 희망도 없습니다. 오직 그 남자 속에서만 자신의 존재를 느끼고 있었는데, 그 사람에게 버림을 받았으니까요. 자기 눈앞에 있는 넓은 세계도 보이지 않고, 잃어버린 보물을 보상해 줄는지도 모르는 수많은 사람들도 눈앞에 들어오지 않는 겁니다. 그녀는 세상에서 버림받고, 혼자 외톨이가 된 자신을 느낍니다. 그리하여 눈앞이 캄캄해지고, 견디기 어려운 마음의 고통을 이기지 못하여 연못에 몸을 내던집니다. 자기를 감싸줄 죽음 속에서 모든 고뇌를 잠재워 버리려고 말입니다. 어떻습니까, 알베르트 씨? 이것이 많은 사람들의 운명입니다. 아까 말한 병자의 경우와 같은 이치가 아니겠어요? 서로 얽히며 싸우는 갖가지 힘의 미궁 속에서 생명

의 탈출구를 찾아내지 못한다면 결국 인간은 죽을 수밖에 없는 것입니다. 이것을 옆에서, '불쌍한 여자로군! 기다리고 있으면 될 텐데. 시간이 흐르면 절망도 진정될 것이고, 그녀를 위로해 줄 다른 남자도 나타날 텐데 말이야.' 하고 태평스럽게 책망하는 소리를 늘어놓는다면 그 자는 저주받아 마땅할 거요. 그것은 마치 '열병으로 죽다니 어리석은 놈이야! 체력이 회복되고 기력도 되살아나서, 피가 제대로 돌아갈 때를 기다렸던들 모든 일이 잘 되어 오늘날까지 무난히 살 수 있었을 텐데…….' 하는 것이나 다름없어요."

알베르트는 이 비유도 얼른 납득할 수 없는 모양인지 여전히 두세 마디 반론을 제기했네. 그러면서 그는 이런 말을 했네.

"당신이 말한 것은 한낱 무지한 처녀의 이야기일 뿐입니다. 그렇게 외곬으로만 집착하지 말고 좀더 넓게 생각하는 분별력을 가졌던들 그

지경이 되지는 않았을 거요."

"알베르트 씨!"

하고 나는 소리쳤네.

"인간은 다 마찬가지랍니다. 남들보다 좀더 분별력이 있다고 한들 무슨 소용이 있단 말입니까? 걷잡을 수 없이 정열이 고조되어 인간의 한계점에까지 몰렸을 때는 인간이 가진 조그마한 분별력은 거의, 아니 전혀 문제도 되지 않는 법이랍니다. 이 이야기는 다음 기회에 다시 하기로 합시다."

이렇게 말한 뒤, 나는 모자를 집었네. 아아, 내 가슴은 꽉 메이는 듯했다네. 이리하여 우리는 서로 이해하지 못한 채 헤어졌지. 남을 이해한다는 것이 얼마나 어려운 일인지 모르겠네.

8월 15일

이 세상에서 사랑보다 더 사람에게 필요한 것은 없다고 확신하네. 로테는 나를 잃는 것을 두려워하고 있다네. 나는 그녀의 태도에서 그것을 느낄 수가 있네. 아이들도 내가 날마다 찾아 주리라는 것을 조금도 의심치 않는다네. 오늘 나는 로테의 피아노 반주에 맞춰 노래를 부르러 찾아갔지만 그 용건은 이루지 못했네. 아이들이 이야기를 해 달라고 졸랐고, 로테도 아이들의 청을 들어주길 바랐기 때문이야.

나는 아이들에게 저녁 빵을 잘라 주었지. 아이들은 이제 내가 빵을 잘라 주어도 로테가 주는 것과 마찬가지로 기꺼이 받아 먹는다네. 그 아이들이 좋아하는 표정이란 정말 사랑스럽네.

빵을 나눠 주고 난 다음에 나는 그들에게 '손이 구해 준 공주이야기(공주가 옥에 갇혀 굶어 죽게 되자 난데없이 천장에서 많은 손이 내려와 먹을 것을 주었다는 옛날 이야기)'를 해 주었네. 아이들에게 이야기를 들려주면서 나는 배우는 게 많다네. 아이들이 내 이야기를 듣고 어찌나 깊이 감명을 받는지 놀라지 않을 수 없었네.

두 번째로 이야기를 들려줄 때는 줄거리를 깜빡 잊어버려, 하는 수 없이 적당히 꾸며대면 아이들은 대뜸 며칠 전 이야기와는 다르다고 항의를 한다네. 그래서 지금은 조금도 틀리지 않게, 마치 노래라도 부르듯이 정확하게 암송하는 연습을 하고 있다네.

여기서 나는 또 한 가지 깨달은 것이 있네. 그것은 저작자가 자신이 지어서 일단 출판했던 책을 개정해서 재판을 내게 되면, 설령 예술적으로는 더 나아졌다 하더라도 그 저서는 반드시 손상을 입게 마련이라는 걸세.

아무래도 독자들에게는 첫인상이 가장 좋은 법이거든. 이 때에는 아무리 터무니없는 일이라도 납득이 가고, 그것은 머릿속에 달라붙어 좀처럼 떠나지 않는데, 나중에 다시 수정하거나 지워 버린다는 것은 어리석은 일일 뿐이네.

8월 18일

인간을 행복하게 해 주는 것이 또한 인간을 불행하게 하는 원천이 되다니, 이것이 현실의 운명일까?

예전에 내 마음속에 충만해 있는, 생동하는 자연에 대한 열렬한 감정은 나로 하여금 기쁨에 넘치도록 하면서 나를 둘러싼 세계를 낙원으로 만들어 주었다네. 그런데 지금 그것은 못 견디게 나를 괴롭히는 가혹한 박해자요, 고뇌의 정령이 되어 어디를 가나 내 뒤를 따라다니네.

일찍이 나는 바위 위에서 강 건너 저쪽 언덕에까지 이어진 풍요한 골짜기를 굽어보며 내 주위의 모든 것이 싹트고 생기에 넘치는 것을 바라보고는 했었지.

기슭에서 산봉우리에 이르기까지 큰 나무들에 울창하게 뒤덮여 있는 아름다운 숲은 그늘을 던지고, 조용히 흐르는 시냇물은 소곤대는 갈대 사이를 미끄러지듯 흘러가며, 다정스런 저녁바람에 불려 온 사랑스러운 꽃구름을 그 수면에 비추고 있었지. 그리고 새들은 사방에서 지저귀며 빨간 저녁놀 속에 수많은 모기 떼들이 앵앵거리며 춤추고, 풍뎅이들은 저물어 가는 마지막 햇볕 속에서 붕붕거리고 있었네.

나를 둘러싼 주위의 웅성거림에 이끌리어 땅 위로 시선을 돌리면, 내가 서 있는 단단한 바위에는 이끼가 달라붙어 양분을 빨아들이고, 메마른 모래 언덕의 사면에는 저 멀리 아래쪽까지 관목이 자라 있어서 불타는 생명력을 보여 주었지. 나는 이 모든 것을 뜨거운 가슴속에 품고 넘치는 그 풍요함 속에서 신이라도 된 듯한 기분에 사로잡혔었다네.

그리하여 무한한 세계의 갖가지 장려한 모습들이 내 영혼 속에서 활기에 넘쳐 약동하고 있었다네. 거대한 산들이 나를 둘러싸고 있었고, 깊은 연못이 내 눈앞에 가로놓여 있었으며, 골짜기를 흐르는 맑은 물은 소용돌이치며 아래로 떨어져 내려 내 발 아래를 흘러갔고, 숲과 산들에 메아리가 울려 퍼지고 있었네.

나는 이들 헤아릴 수 없는 위대한 힘들이 대지의 밑바닥에서 서로 뒤섞이며 작용하는 것을 보았네. 그렇게 하여 창조된 온갖 생물들이 지금 이 대지 위를 뒤덮고, 하늘 아래서 꿈틀거리고 있는 걸세. 생명을 지닌 것들이 천태만상으로 이 세계에 가득 차 있단 말일세.

그런데 인간은 그 조그마한 집에 모여 살면서 몸의 안전을 도모하고, 그 좁은 곳에 보금자리를 틀고 있는 주제에, 넓은 세계를 지배하고 있는 줄 알고 있는 걸세! 오, 가엾고 어리석은 존재여! 너는 너 자신이 보잘것없기 때문에 만물을 그와 같이 우습게 보는 것이다!

오를 가망도 없는 높은 산봉우리에서 사람이 들어간 적 없는 광야를 지나, 미지의 대해에 이르기까지 영원한 창조자의 입김이 흐르고 있다네. 비록 그것이 한낱 티끌일지라도 이 영혼의 소리를 듣고 살아 있는 이상, 하느님은 그것을 기뻐할 것이야.

아, 나는 머리 위를 날아가는 학의 날개를 빌려 망망한 대해의 기슭까지 날아가기를 얼마나 동경했던가? 신의 술잔에서 거품을 일으키며 넘쳐나는 더없는 생명의 환희를 마시고, 단 한순간이나마 만물을 자신의 내부에서 스스로 창조해 내고 있는 지고하신 분의 지극한 행복을 맛보길 얼마나 갈망했던가?

벗이여! 그 때의 추억만이 나를 행복하게 한다네. 표현할 수 없는 그 무렵의 감정을 되새겨 보려는 노력만으로도 내 영혼은 이렇게 승화되고 고양된다네. 그러나 이윽고는 현재 나를 둘러싼 불안감을 몇 곱절 더 절실히 느끼게 된다네.

내 영혼 앞에 드리워져 있던 장막 같은 것이 걷혀 버린 듯싶네. 무한한 생명의 무대는 내 눈앞에서 영원히 입을 벌리고 있는 깊고 깊은 무덤으로 변해 버렸네. 그런데 자네는 '그것은 존재한다.'고 감히 말할 수가 있는가? 모든 것은 흘러가고, 모든 것은 빠르게 사라져 가네. 그 존재의 완전한 힘을 유지하기란 매우 어려운 것이라네.

아, 그것은 세찬 물결에 휩쓸려 가라앉고 바위에 부딪쳐 산산조각 나지 않는가? 한순간 한순간이 자네와 내 주위의 가까운 사람들을 좀먹지 않는 순간은 없고, 또한 자네 자신이 파괴자이며 파괴자 노릇을 하지 않았던 순간은 없었을 것일세. 무심히 산책을 할 때만 해도 수많은 벌레들의 생명을 빼앗고 있지 않는가. 한 발짝을 내딛다가 개미들이 애써 만든 집을 무너뜨리고, 조그만 세계를 짓밟아 무덤으로 만들어 버리지 않는가 말일세!

아아! 내 마음을 어지럽히는 것은 어쩌다가 일어나는 세계적인 대재

앙이나, 마을들을 휩쓸어 버리는 홍수, 도시를 삼켜 버리는 지진 따위가 결코 아닐세.

내 마음을 파헤치는 것은 이 대자연 속에 깃들어 있는 파괴력이라네. 자연은 이웃과 자기 자신을 파괴하지 않는 것은 하나도 만들지 않았네. 그러므로 나는 하늘과 땅 사이에서 끊임없이 작용하는 모든 힘에 둘러싸여 불안에 떨며 비틀거린다네. 내게 보이는 것은 영원히 집어삼키고 영원히 되새김질하는 괴물들뿐이라네.

8월 21일

아침에 괴로운 꿈에서 어렴풋이 눈을 뜨고 나면, 나는 헛되이 로테가 그리워 두 팔을 내뻗는다네. 밤이면 침대 속에서 행복한 꿈에 농락되어, 내가 그녀와 나란히 초원에 앉아 그녀의 손을 잡고 끊임없이 입맞춤을 퍼붓는 착각을 한다네. 아아! 이렇게 꿈속에서 그녀를 찾아 더듬다가 눈을 뜨면, 미어지는 듯한 가슴속에서 눈물이 솟구쳐 오르는 걸세. 그리하여 나는 어두운 미래를 내다보며 위로받을 길 없는 절망감에 사로잡혀 흐느껴 운다네.

8월 22일

비참한 심경일세. 빌헬름! 나는 아주 무기력해지고 게을러졌다네. 이 얼마나 비참한 일인가! 그렇다고 언제까지나 이런 허탈 상태에 빠져 있을 수는 없는 노릇 아닌가? 일이 손에 잡히지 않아 큰일일세. 나에겐 이제 상상력도 없어지고, 자연에 대해서도 감흥을 느낄 수 없고, 책 따윈 더구나 진절머리가 난다네. 인간이란 이렇게 자기 자신을 상실하고 보면, 모든 것이 사라져 버리는 모양이야.

때때로 나는 날품팔이꾼이 되고 싶은 생각이 드네. 아침에 눈을 떴을 때 그 날 하루의 목적이 생기고, 이렇게 할까 저렇게 할까 하는 자신을 긴장시키는 그 무언가를 기대하는 마음을 지닐 수 있을 테니까.

나는 때때로 알베르트가 부럽다네. 서류 속에 파묻혀 있는 그가 나라면 얼마나 좋을까 하는 상상을 하곤 한다네. 나는 벌써 몇 번이나 자네와 장관에게 편지를 내어 공사관에 자리를 하나 얻어 달라고 할까 생각했지. 그런 자리라면 거절당하지 않을 것 같았고, 자네도 또한 보증해 줄 걸로 믿고 있었기 때문일세.

그전부터 장관은 나를 아껴 왔고, 어떤 자리에든 앉아서 실무를 보라고 권유해 왔거든. 그래서 나는 한때는 그럴까 하는 마음이 들기도 했지만, 나중에 다시 생각해 보니, 자유에 진저리가 난 망아지가 안장과 마구를 등에 얹어 달랬다가 드디어 허리가 휘어 버렸다는 우화가 떠오르더군. 그래서 어떻게 해야 좋을지 갈피를 못 잡고 있네. 벗이여! 환경의 변화를 바라는 지금 이 심정은, 어쩌면 어디를 가나 내 뒤를 쫓아오는 초조감에서 비롯된 것이 아닐까?

8월 28일

고칠 수 있는 병이라면 누구나 한 번쯤 그 병에 걸려 보고 싶어하겠지. 빌헬름! 오늘은 내 생일이라네. 아침에 일어나자마자 알베르트로부터 소포가 배달되었다네. 포장을 풀자마자 곧바로 눈에 띈 것은 분홍색 리본이었네. 그것은 로테를 처음 만났을 때 그녀의 가슴에 달려 있었던 것으로 그 후에 여러 차례 갖고 싶다고 졸랐던 물건이지.

그리고 소포 안에는 사륙판 책 2권이 들어 있었어. 베트슈타인 판의 호메로스로, 내가 지금 가지고 있는 엘레스티 판이, 산책을 하면서 들고 다니기에는 무겁고 거추장스러워서 진작부터 갖고 싶었던 책이었네. 참 희한한 일 아니겠나!

이렇게 이 두 사람은 내가 원하는 것을 미리 알고서 알뜰한 우정을 나타내는 조그마한 선물을 찾아서 보내 준다네. 이러한 성의는, 보낸 사람의 허영심 때문에 받는 사람이 일종의 굴욕감을 느끼게 되는 그런 값진 선물보다는 몇 배나 더 귀중한 것이지.

나는 그 리본에 수없이 입맞춤을 했네. 그리고 숨을 내쉬고 들이쉴 때마다 그 즐거웠던 날들, 다시는 돌아오지 않을 짧은 그 시절의 행복한 추억들을 되새겼다네. 빌헬름! 세상일이란 다 그런 것일세.

그러나 나는 불평은 하지 않으려네. 인생의 꽃이란 환상에 지나지 않는 거니까. 얼마나 많은 꽃들이 흔적조차 남기지 않은 채 떨어져 버렸는가! 그리하여 열매를 맺는 꽃은 지극히 적고, 열매를 맺어도 온전히 익게 되는 것은 또 얼마나 되겠나! 그러나 익은 열매가 전혀 없었던 것은 아니었네. 벗이여! 이렇게 해서 겨우 익은 열매를 우리가 대수롭지 않게 여기고 맛도 보지 않은 채 썩일 수야 있겠나?

그럼, 잘 있게. 멋진 여름일세. 나는 곧잘 과일을 따는 긴 장대를 들고 로테네 과수원 나무에 올라가 높은 가지에 달려 있는 배를 딴다네. 그러면 로테는 그 아래에 서 있다가 내가 떨어뜨리는 배를 받는다네.

8월 30일

불행한 사나이여! 너는 바보가 아닌가? 자기 자신을 속이고 있는 것은 아닌가? 미칠 것만 같은 이 끝 모를 정열은 도대체 뭐란 말인가?

나는 이제 그녀를 위해서만 기도를 드릴 따름이네. 내 머릿속에 떠오르는 것은 오직 그녀의 모습뿐이라네. 그리고 나를 에워싼 세계의 모든 것을 나는 그녀와 관련시켜서만 바라보네. 비록 그녀와 헤어질 몸일망정 이렇게 함으로써 나는 한동안이나마 즐거운 시간을 얻을 수가 있다네. 행복한 몇 시간을 누릴 수가 있다네.

아아, 빌헬름! 그러나 나를 떠나지 못하도록 억누르는 것은 무엇일까? 그녀 곁에서 2시간이고 3시간이고 마주 앉아서 그녀의 모습, 그녀의 거동, 그리고 그녀의 말의 고상한 표현들에 정신을 팔고 있다가 차차 모든 감각이 긴장을 하게 되네. 이윽고 눈앞이 캄캄해지고 귀가 먹먹해지며, 마치 암살자의 손이 목이라도 조르는 것 같은 답답한 느낌이 든다네. 그리하여 내 심장은 숨막히는 감각을 완화시키려고 세차게 고동치는데, 그러면 그럴수록 감각은 오히려 더욱더 혼란스러워진다네.

아아, 빌헬름! 나는 도대체 나 자신이 이 세상에 존재하지 않을지도 모른다는 생각을 할 때가 가끔 있네! 그럴 때면 가눌 길 없는 슬픔에 견딜 수가 없다네. 더욱이 로테가 자기 손에 얼굴을 묻고 실컷 울어서 가슴속의 괴로움을 풀어 버리라고 슬픈 위안도 허락하지 않을 때는……. 나는 로테 옆을 떠나 도망쳐 버리지 않을 수 없네.

그리하여 먼 들길을 헤매고 다닌다네. 가파른 산등성이를 기어올라가 덩굴에 걸리고 가시에 찔리면서 길 없는 숲을 헤치며 걷는 것은 더없는 즐거움이라네. 그러면 얼마간은 기분이 좀 좋아지지. 말 그대로 얼마간은!

그러다가는 피로와 갈증 때문에 몇 번이나 쓰러져 눕고는 한다네. 그리하여 깊은 밤 머리 위 높이 보름달이 떠오르면 상처 입은 발바닥을 잠깐이나마 쉬게 하려고 고요한 숲 속의 구부러진 나무뿌리 위에 앉아 있다가, 지칠 대로 지친 나머지 피로 때문에 어슴푸레한 달빛 속에서 꾸벅꾸벅 잠들어 버린다네.

아아, 빌헬름! 작은 외딴집의 허전한 방과 참회의 수도복에 가시 혁대야말로 내가 마음속으로 동경하며 구하고자 하는 위안인 것만 같네. 그럼 잘 있게! 이 비참한 상태의 종말은 무덤밖에는 없을 것 같네.

9월 3일

빌헬름, 나는 떠나야겠네! 흔들리는 내 결심을 잡아 주어서 고맙네. 벌써 2주일 전부터 그녀 곁에서 떠나야겠다는 생각을 줄곧 해 왔으면서도 계속 망설이고 있었다네. 그런데 이제는 정말 떠나야겠어. 그녀는 시내의 아는 부인 집에 가 있네. 그리고 알베르트는……. 아무튼 나는 떠나야겠네.

9월 10일

빌헬름! 괴로운 밤이었네. 이제 어떤 일이 있어도 나는 모든 것을 극복해 내겠네. 다시는 그녀를 만나지 않을 거야. 아아, 자네 목을 끌어안고 실컷 눈물을 흘리며, 내 가슴속에서 몰아치는 갖가지 생각을 마음껏 하소연할 수 있으면 좋으련만! 나는 지금 마음을 가라앉히려고 애쓰며 아침해가 떠오르기를 기다리고 있네.

아아, 그녀는 편안히 잠들어 있어. 다시는 나를 만나지 못하게 되리라고는 상상도 못하고 있을 걸세. 2시간 동안이나 이야기를 하면서도 나는 마음을 굳게 다져 내 계획을 말하지 않았다네. 아아, 정말 기막히는 대화였네!

알베르트는 저녁식사를 마치면 곧 로테와 함께 정원으로 나오겠노라고 나에게 약속을 했네. 나는 언덕의 밤나무 아래에 서서 언제 다시 볼지 모르는 그리운 골짜기, 조용히 흐르는 강물, 저 너머로 지는 해를 바라보고 있었네. 여태껏 나는 몇 번이나 그녀와 함께 이 곳에서 그 장엄한 광경을 바라보곤 했는지 모른다네. 그러나 지금은…….

내가 좋아하던 가로수 길을 거닐어 보았네. 내 마음을 이끄는 어떤 신비한 힘에 이끌리어 로테를 알기 전부터 나는 곧잘 이 곳에서 발길을 멈추곤 했다네. 그 후 내가 그녀와 서로 사귀게 되었을 때, 그녀도 이 곳을 좋아하고 있었다는 것을 알고는 얼마나 기뻐했는지. 내가 아는 한에서 이 곳은 정원사의 손으로 만들어진 것 중에서 가장 낭만적인 장소일세.

우선 밤나무들 사이로 전망이 탁 틔어 있다네. 여기에 대해서는 자네에게 벌써 꽤 여러 번 이야기한 것 같군. 너도밤나무 숲이 병풍처럼 길 양쪽을 둘러싸고, 그에 이어져 있는 우거진 가로수 길은 더욱더 어두워지는데, 마침내는 소름이 끼치도록 정적이 감도는 아늑한 장소로 끝난다네.

나는 지금도 기억하고 있네. 내가 어느 날 한낮에 처음으로 이 곳에 발을 들여놓았을 때, 얼마나 가슴이 뭉클해지는 것을 느꼈는지. 그 때 나는 이 곳이 장차 내 행복과 고뇌의 한 무대가 될 것 같은 예감이 어렴풋이 들었다네.

내가 약 반 시간쯤 이별과 재회의 애달프고 달콤한 상념에 잠겨 있을 때, 두 사람이 언덕을 올라오는 발소리가 들렸네. 나는 얼른 달려가서 그들을 맞이하고, 떨리는 마음으로 그녀의 손에 키스를 했네. 우리가 언덕 위에 오르자 울창한 언덕 너머로 달이 떠오르기 시작했지.

많은 이야기를 나누며 걷다 보니, 어느 새 어두운 정자에 이르렀네. 로테는 정자 안으로 들어가 앉았네. 알베르트는 그녀의 옆에 앉고 나도 앉았네. 그러나 어쩐지 마음이 안정되지 않아서 그대로 앉아 있을 수가 없더군. 나는 자리에서 일어나 그녀 앞을 이리저리 왔다갔다하다가 다시 앉았네. 괜히 불안해서 견딜 수가 없었어.

로테는 떡갈나무 가지 끝에 걸려 테라스를 환히 비추고 있는 달빛을 받아 한층 더 아름다운 모습으로 우리들의 시선을 끌었지. 참으로 아름다운 광경이었어. 짙은 어둠이 우리가 있는 장소를 에워싸고 있었으므로 달빛은 더욱 선명하게 빛났지. 무거운 침묵이 흘렀네. 이윽고 로테가 입을 열었다네.

"달밤에 사책을 하면, 저는 언제나 돌아가신 분들 생각이 나요. 자꾸만 죽음이라든가 내세에 대한 생각을 하게 되는 거예요. 우리도 언젠가는 저 세상에 갈 테니까요!"

로테는 뭐라 말할 수 없는 감정이 어린 목소리로 말을 이었네.

"베르테르 씨, 우리는 저 세상에서 다시 만나게 될까요? 서로 알아볼 수 있을까요? 어떻게 생각하세요?"

나는 눈에 눈물이 그득한 채 그녀의 손을 잡고 말했네.

"로테! 우리는 다시 만나게 됩니다! 이 세상에서나 저 세상에서나 언젠가는 다시 만나게 될 것입니다!"

나는 그 이상 말을 계속할 수가 없었네. 빌헬름! 왜 하필 내가 애달픈 이별을 가슴속에 숨기고 있을 때, 그녀가 나에게 이런 말을 물어보아야만 했을까?

"돌아가신 그리운 사람들은 우리가 어떻게 지내고 있는지 알고 있을까요? 우리가 이렇게 잘 지내면서 변함 없이 그 분들을 생각하고 있다는 것을 알고 있을까요? 아아! 조용한 저녁 무렵, 제 동생들과 같이 있을 때, 아이들이 어머니에게 했던 것처럼 제 둘레에 모여 앉는 것을 보면 저는 으레 어머니의 모습이 떠올라요. 그럴 때면 저는 어머니가 그리워 눈물을 글썽거리며, 어머니가 임종하실 때 '동생들을 어머니처럼 돌보겠어요.' 하고 약속했던 그 말을 제가 정성껏 지키고 있는 모습을 어머니께 보여 드리고 싶어 이렇게 중얼거리고는 한답니다. '어머니, 만일 제가 아이들에게 어머니만큼 좋은 어머니 노릇을 못하고 있더라도 용서해 주세요. 아아! 그러나 저로서는 제가 할 수 있는 최대한의 노력을 하고 있어요. 아이들에게 옷을 입혀 주고, 빵을 먹이고요. 그리고 무엇보다도 그 애들을 사랑하고 다독거려 준답니다. 그리운 어머니, 우리가 단란하게 지내는 모습을 보신다면, 아마도 어머니는 하느님께 뜨거운 감사를 드릴 거예요. 임종하실 때 슬픈 눈물을 흘리며 아이들의 장래를 위해 기도드렸던 그 하느님에게…….' 라고 말이죠"

그녀는 이렇게 말했다네. 아아, 빌헬름! 그 누가 그녀의 말을 되풀이 할 수 있겠는가! 생명 없는 차가운 문자로 그 성스러운 정신의 꽃을 어찌 표현할 수 있겠는가! 그 때 알베르트가 옆에서 부드러운 어투로 그녀의 말을 가로막았네.

"로테, 너무 지나치게 흥분한 것 같구려. 당신이 곧잘 그런 생각에 사로잡힌다는 것은 잘 알고 있지만, 제발 부탁이니……."

그러자 로테가 말했지.

"아아, 알베르트 씨! 잊지 않으셨겠지요? 저녁마다 조그마한 둥근 테이블에 모여 앉아 있었던 일 말이에요. 아빠는 아직 여행에서 돌아오시지 않고, 아이들은 재워 놓은 뒤였지요. 당신은 가끔 책을 갖고 오셨지만, 그것을 펼치는 일은 좀처럼 없었지요. 무엇보다도 어머니의 그 기품 있는 영혼과 접촉하는 일이 마음을 사로잡았으니까요. 어머니는 아름답고 다정하며 쾌활하고, 언제나 부지런히 일하시는 분이었어요. 저는 침대에서 하느님 앞에 엎드려 '부디 어머니와 같은 사람이 되게 해 주소서.' 하고 눈물을 흘리며 기도한 적이 한두 번이 아니에요. 하느님은 알아주실 거예요."

나는 그녀 앞에 꿇어앉아 흐르는 눈물로 그녀의 손을 적시며 외쳤네.

"로테! 하느님의 은총이 당신 위에 머무를 것입니다. 또 어머니의 영혼에도 축복을 내리실 것입니다!"

로테는 내 손을 꼭 잡고 말했네.

"베르테르 씨가 저희 어머니를 알고 계셨더라면! 어머니는 당신이 인정할 만한 훌륭한 분이셨어요!"

나는 이 말을 듣고 뛸 듯이 기뻤다네. 그녀는 이토록 훌륭하고 자랑스러운 말을 나에게 한 적이 없었다네. 로테는 말을 계속했네.

"하지만 어머니는 한창 나이에 돌아가셨어요. 막내가 태어난 지 채 6개월도 되기 전이었지요. 병환이 나신 지도 얼마 되지 않아서였어요. 어머니는 조용히 운명에 몸을 맡기고 계셨지만, 단지 어린아이들, 특히 막내아이를 생각하며 가슴 아파하셨어요. 마침내 임종이 가까워지자 저더러 아이들을 모두 데리고 오라고 하셨어요. 저는 아이들을 데리고 들어갔는데, 작은 아이들은 아무 영문도 모르고, 큰 아이들은 어쩔 줄 모르고 있었습니다. 아이들이 침대 주위에 둘러서자, 어머니는 두 손을 들고 아이들을 위해 기도를 해 주시고, 한 아이씩 차례로 입을 맞춘 다음 밖으로 내보냈어요. 그리고 저에게 저 아이들의 어머니가 되어 달라고 말씀하셨어요. 저는 어머니의 손을 잡고 맹세를 했지요. 어머니는 말씀하셨어요. '로테, 이 약속은 지키기가 쉽지 않단다. 어머니의 마음과 어머니의 눈을 지녀야만 하는 거야. 그것이 어떤 것인지 너는 잘 알고 있는 것 같구나. 때때로 네 눈에 글썽거리는 감사의 눈물을 보고 나는 그것을 알게 됐지. 네 동생들을 위해서 부디 그런 마음과 눈을 가져 주기 바란다. 그리고 아버지에게는 아내와 같은 정성으로 대하고 위로해 드리도록 해라' 이렇게 말씀하시고 어머니는 아버지를 찾으셨지만, 아버지는 집에 계시지 않았어요. 슬픔을 못 이겨 괴로워하는 모습을 보이지 않으려고 밖으로 나가셨던 거예요. 알베르트 씨, 당신은 그 때 방에 함께 계셨죠. 어머니는 당신 말소리를 듣고 누구냐고 묻고는 당신을 곁으로 부르셨어요. 그리고 당신과 저를 번갈아 바라보시며, 너희 두 사람은 행복할 거야, 함께 행복하게 살아가겠지, 하시고는 안심한 듯이 평온한 눈길을 보내셨어요……."

그러자 알베르트는 로테의 목을 끌어안고 키스를 하면서 외쳤네.

"그래, 우리는 행복해, 행복하고말고! 앞으로도 행복하게 살 거요!"

그토록 침착하던 알베르트도 완전히 자제력을 잃고 있었네. 나 역시 제정신이 아니었지.

"베르테르 씨! 그런 어머니가 돌아가셨어요! 아아, 이 세상에서 가장 사랑하는 사람을 잃어버리다니. 이런 일을 가장 사무치게 느끼는 것은 아이들일 거예요. 아이들은 그 뒤로 검은 옷을 입은 사람들이 엄마를 데리고 가 버렸다고 말하며 오래도록 슬퍼했지요."

로테는 자리에서 일어났네. 나는 그제서야 제정신이 들어 깜짝 놀라며 로테의 손을 잡았네.

"자, 이제 그만 돌아가요."

하고 그녀는 말했네.

"밤이 늦었어요."

로테는 손을 빼려 했지만, 나는 더욱 힘을 주어 그 손을 잡았지.

"우리는 다시 만나게 될 테지요! 어떤 모습을 하고 있더라도 서로 알아볼 수 있을 겁니다. 저는 그만 떠나야겠어요. 나는 기꺼이 작별하겠습니다. 그러나 영원한 이별이라면 도저히 견딜 수 없을 겁니다. 안녕히 계십시오, 로테! 안녕히 계십시오, 알베르트 씨. 안녕히⋯⋯. 다시 만날 때가 있겠지요."

그러자 로테가 짓궂은 농담조로 말하더군.

"내일 말이지요?"

나는 이 '내일'이라는 말에 몹시 고통스러웠네. 아아, 그녀는 내 손에서 자기 손이 빠져 나가는 것도 알지 못하고 있었지.

두 사람은 가로수 길을 나란히 걸어가고, 나는 그 자리에 우두커니 서서 달빛 속을 걸어가는 두 사람의 뒷모습을 바라보고 있었지. 그리고

는 땅바닥에 엎드려 실컷 울었다네. 이윽고 나는 벌떡 일어나 언덕 위로 뛰어갔지. 아래를 내려다보니 보리수 아래 정원 출입구 쪽으로 걸어가는 로테의 흰 옷이 어렴풋이 보였네. 나는 두 팔을 내밀었지. 그러나 그녀의 모습은 이미 사라져 버렸다네.

제2부

1771년 10월 20일

우리는 어제 이 곳에 당도했네. 공사는 몸이 좀 불편해서 2,3일 집안에 들어앉아 있을 모양일세. 그분이 그렇게 불친절하지만 않았더라도 일이 순조롭게 되어 갈 터인데…… 아무래도 운명은 나에게 가혹한 시련을 내리려는 모양이야. 그러나 기운을 내야지! 가벼운 기분을 가지고 있으면 무슨 일이든지 견디어 낼 수 있을 걸세. 가벼운 기분? 이런 말을 쓰다니, 스스로 생각해도 우습군. 아아, 좀더 경쾌한 기질을 지니고 있었더라면 나는 이 세상에서 가장 행복한 인간이 되었을 텐데. 기가 막히는 일 아닌가! 다른 친구들은 보잘것없는 힘과 재능을 가지고도 가슴을 쫙 펴고 보란 듯이 으스대며 내 앞에서 활개를 치는 판인데, 나는 그들보다 더한 힘과 재능을 가지고 있으면서도 이렇게 절망하고 있으니 말일세! 저에게 모든 것을 베풀어 주신 하느님이시여, 당신께서는 어찌하여 저에게 자신감과 만족감을 내리지 않으셨나이까?

'참아! 참아야지! 그러면 잘 되어 갈 걸세.' 하고 자네는 말하겠지. 벗이여! 사실 자네 말이 옳아. 세상 사람들 틈에 끼여 매일같이 일에 쫓기며 그들이 하는 일들을 살펴보면서 나 자신을 훨씬 올바르게 이해하게 되었네.

확실히 우리네 인간은 모든 것을 자기와 비교하고, 또 자기를 모든 것과 비교하도록 되어 있기 때문에, 행복하다 행복하지 않다 하는 것은 우리가 자기 자신과 비교하는 대상에 따라서 결정되는 걸세.

따라서 고독같이 위험한 것은 없는 걸세. 우리의 상상력은 그 본실상 자꾸만 높은 곳으로 올라가려 하지. 또 문학이나 시 같은 것에서 영향을 받아 인간의 서열을 매기기도 하는데, 그러다 보면 자기 이외의 사람들은 모두 자기보다 훌륭하고, 누구나 자기보다는 완전한 것 같아 보이지. 뿐만 아니라, 우리는 우리가 갖고 있는 것까지도 모조리 그 사람에게 갖다 붙여 일종의 이상적인 인간상을 그려 보임으로써 행복한 자의 이미지를 완성하지. 그런데 그렇게 만들어진 행복한 인간이란, 알고 보면 그것은 우리 자신이 만들어 낸 창조물에 지나지 않는다네.

이와는 반대로, 우리의 힘이 아무리 약하더라도 전력을 기울여 오로지 앞을 향해 나아가다 보면, 설령 느릿느릿 갈망정, 약삭빠른 다른 사람들이 거침없이 돛을 올리고 노를 저어 가는 것보다 훨씬 더 성공을 거두는 법이라네. 그리하여 앞으로 나아가는 다른 사람과 어깨를 나란히 하게 되거나 혹은 앞질러 가게 되었을 때, 비로소 자주적인 감정이 우러나는 법이지.

11월 26일

그럭저럭 이곳에서 지낼 수 있을 것 같네. 무엇보다도 다행스러운 것은 할 일이 많다는 사실일세. 게다가 갖가지 유형의 새로운 인물들이 나에게 재미있는 연극을 보여 준다네.

나는 C백작과 알게 되었다네. 그는 날이 갈수록 더욱 존경하지 않을 수 없는 사람으로, 넓은 식견을 가졌으면서도 인정이 많은 분일세. 남을 대하는 그의 태도에서는 우정과 사랑이 넘쳐나지.

내가 그분의 어떤 부탁을 받고 일을 무사히 처리해 준 뒤로 그는 나에게 관심을 갖게 되었다네. 그는, 우리는 서로 뜻이 통한다는 것을, 그리고 나와는 다른 사람들과는 다른 이야기를 함께 나눌 수 있다는 사실을 처음 만난 순간 알게 된 것 같네. 또한 나를 대하는 그의 솔직한 태도도 칭찬하지 않을 수 없겠지. 이 세상에서 크고 넓은 마음의 소유자가 가슴을 탁 터놓고 대해 줄 때처럼 마음이 아늑하고 기분 좋은 일은 없다네.

12월 24일

이미 알고 있었지만, 공사는 불쾌하기 짝이 없는 작자라네. 그렇게 고지식한 꽁생원은 다시없을 거야. 꼼꼼하고 까다롭기가 마치 시어머니 같아. 자기 자신에게 만족하는 일이 결코 없을 뿐만 아니라, 누가 어떤 일을 해 주어도 감사할 줄 모르는 위인일세. 나는 일을 간결하게 처리하기를 좋아하고, 일단 처리한 일은 그대로 내버려둔다네. 그런데 공사는 그 문서 꾸러미를 내게 되돌려 주면서 이렇게 말하는 걸세.

"이만하면 괜찮지만, 좀더 잘 검토해 보게. 좀더 적합한 말이 생각날 걸세."

그러면 나는 속이 부글부글 끓어오르고, 어처구니가 없어 말이 나오지도 않는다네.

'그리고'라든가, 그 밖의 대수롭지 않는 접속사 하나가 빠져도 안 된다는 걸세. 때때로 도치법이 나오기라도 하면 그는 눈엣가시처럼 생각하고, 관청식의 어법에 맞춰서 쓰지 않으면 안 되지. 복합문장 같은 것은 전혀 이해하지 못하는 형편이야. 이런 위인을 상대한다는 것은 정말 불행이네.

내게는 그나마 C백작이 나를 신뢰해 주는 것이 유일한 위안일세. 최근에 그분은 나에게 매우 솔직하게 공사의 완고하고 까다로운 태도에 대한 불만을 털어놓았네. 그런 사람들은 남들뿐만 아니라 자기 자신도 괴롭게 만든다는 거야. 그리고는 다음과 같이 덧붙였네.

"그러나 체념하고 순응할 수밖에 없지. 험한 산을 넘는 나그네와 같은 마음으로 말일세. 물론 산이 없으면 길을 가기가 훨씬 편하고 거리도 가깝겠지. 하지만 산이 있는 이상 어떻게든 넘어가야겠지."

그런데 공사도, 백작이 자기보다는 나에게 더 호감을 갖고 있다는 사실을 알았던 모양일세. 그게 못마땅해서 기회 있을 때마다 내 앞에서 백작의 험담을 늘어놓는다네. 물론 나는 그 말을 반박하네. 그래서 사태는 점점 더 악화되고 있지. 더구나 어저께는 나까지 싸잡아 빈정거리는 바람에 몹시 분개했네.

"이런 세속적인 사무 처리에는 백작도 꽤 유능하지. 일도 빠르고 문장도 괜찮거든. 하지만 모든 문장가들이 그렇듯이 기초적인 학식이 결여되어 있어."

이렇게 말하고는 '어때, 좀 뜨끔하지?' 하는 듯한 표정을 지어 보이는 것이었어. 나는 그런 몹쓸 태도를 취하는 인간을 누구보다도 경멸해 왔기 때문에 지지 않고 격한 말투로 되받아 주었네. 즉, 백작은 인품으로 보나 학식으로 보나 존경하지 않을 수 없는 분이라고 말해 주고 나서 이렇게 덧붙였네.

"나는 그렇게 훌륭한 인격으로 그렇게 수없이 많은 대상에 영향을 주면서도, 일상 생활의 범속한 일에 대해서까지도 그렇게 능란하게 처리하는 분은 아직까지 본 일이 없습니다."

이렇게 말해도 공사에게는 우이독경일세. 나는 필요 없는 논쟁으로 울화를 터뜨리지 않으려고 그 자리에서 물러나왔네.

하긴 이렇게 된 것도 모두 자네들 책임일세. 자네들이 일하는 것이 제일이라고 나를 설득하여 이런 멍에를 씌워 놓은 탓이지. 일이라고?

밭에 감자를 심거나, 말을 몰고 도시로 밀을 팔러 가거나 하는 편이 더 낫지. 만일 내 말이 틀렸다면, 이렇게 매여 있는 노예선 속에서 앞으로 10년을 더 일할 용의가 있네.

게다가 이런 곳에서 서로 곁눈질을 하면서 눈치를 보고 있는 허울좋은 이 비참함이라니! 지겹네! 서로 한 발짝이라도 먼저 올라가려고 쉴 새없이 눈을 번득이고 있는 출세욕에 싸인 사람이나, 서글픈 집념을 노골적으로 드러내고 있는 사람들로 가득하다네.

어떤 여자의 경우를 예로 들면, 그녀는 누구한테나 자기네 가문과 영지에 대한 이야기를 하는데, 그녀를 잘 모르는 사람은 그 이야기를 듣고 대단찮은 가문과 영지를 자랑하고 다니다니 어리석은 여자라고 여긴다네. 그리고 사실 그 여자는 이 근처 태생으로 서기의 딸에 지나지 않는다네.

이렇게 스스로 망신을 자초하는 분별없는 족속을 나는 이해할 수가 없네. 사랑하는 벗이여! 자기의 척도로 남을 판단한다는 것은 어리석은 것임을 나는 절실히 느끼고 있네. 하긴 남이 무슨 짓을 하건 나에게 무슨 상관이겠나? 우선 나 자신부터 할 일이 태산 같고 이것을 해야겠다는 마음이 이토록 벅차게 일고 있는데…….

아아, 나는 다른 사람들이 자기 길을 가는 것을 방해할 생각은 없네. 다만, 나로 하여금 내 길을 갈 수 있도록 단지 내버려두었으면 할 뿐이라네.

나를 가장 불쾌하게 하는 것은 시민 사회의 대인 관계일세. 물론 나도 계급의 차별이 필요하다는 사실과 그것이 나 자신에게 이익을 가져다 준다는 사실은 잘 알고 있네. 그러나 내가 이 지상에서 지극히 미미한 기쁨이나 행복을 맛볼 수 있게 된 때에, 그런 것들로 방해를 받는다는 것은 참을 수 없는 일이야.

요즈음 나는 산책길에서 B라는 아가씨를 알게 되었네. 이런 따분한 환경 속에서도 본래의 인간성을 상실하지 않은 사랑스런 여자라네. 서로 이야기를 나누는 사이에 우리는 서로 좋아하게 되었네. 나는 헤어질 때 집으로 한번 찾아가도 괜찮겠냐고 했더니, 그녀는 아무 거리낌 없이 승낙을 했다네.

나는 적당한 기회를 잡아 그녀를 찾아갔지. 그녀는 이 고장 태생이 아니고, 아주머니뻘 되는 친척집에서 묵고 있었네. 그 아주머니라는 늙은 부인의 인상은 그다지 좋지 않았지만, 나는 애써 경의를 표하고 그 부인에게 자주 말머리를 돌리고는 했다네. 하지만 나는 반 시간도 못 되어 이 마나님의 인품을 곧 알아차렸어. 나중에 B양이 나에게 일러 준 대로 그녀는 늘그막에 재산도 재주도 없는 형편이므로, 오직 조상의 족보에만 의지하여 지체라는 울타리 속에서 숨어 살 수밖에 없는 따분한 처지였네. 즐거움이라고는 이층 창문으로 거리를 오가는 이 고장 사람들을 내려다보는 일 정도라네.

젊었을 적에는 제법 미인이었던 모양으로 마음내키는 대로 즐기며 반평생을 지냈다고 하더군. 변덕스러운 성격 때문에 여러 명의 젊은이들을 괴롭히고, 나이가 든 후에는 풀이 죽어 어떤 나이 많은 장교와 같이 살았다는 거야. 그 장교는 그 보상으로 상당한 생활비를 제공하며 40대를 그녀와 살다가 죽었다는 걸세. 이 부인도 이제는 머리가 희끗희끗한 과부로 마침 사랑스러운 조카딸이 있어 이렇게 돌보아 주며 여생을 함께 보내는 모양이었네.

1772년 1월 8일

한심한 무리들일세. 정신은 온통 격식에만 사로잡혀서 어떻게 하면 한자리라도 더 위에 앉을 수 있을까 하고 몇 해를 두고 실랑이를 벌이고 있으니 말이야. 달리 할 일이 없는 것도 아닐 텐데. 그런 사소한 일에 신경을 쓰느라고 중요한 일을 제대로 하지 않아서 일은 산더미처럼 쌓여 있는 실정이지. 지난주에는 썰매놀이를 갔는데, 거기서 또 말썽이 생겨서 모처럼의 즐거움을 망쳐 버리고 말았네.

본래 지위 같은 건 문제가 안 되는 것 아니겠나! 맨 윗자리에 있는 자가 반드시 가장 큰 역할을 하게 되는 일은 극히 드물다는 것을 모르고 있으니 어리석은 자들일세. 대신들의 뜻에 따라 조종되는 왕이 그 얼마나 많으며, 또 비서관들의 뜻대로 움직이는 대신들이 그 얼마나 많은가! 이런 경우 누가 제일이란 말인가? 내가 보기에는, 자기의 계획을 실현하기 위하여 자기 계획을 성취하기 위하여 구사할 수 있는 역량이나 지략을 지니고 있는 인간이 그 제일인 것 같네.

1월 20일(로테에게)

사랑하는 로테! 휘몰아치는 눈보라 때문에 피난 온 이 시골 농가의 조그마한 방에서 당신에게 이 글을 쓰지 않고는 베길 수가 없습니다. 서글픈 보금자리와도 같은 D시에서 낯선 사람들 틈에 끼여 돌아다니고 있을 때에는, 당신에게 편지를 쓸 만한 마음의 여유라곤 전혀 없는 형편이었습니다.

그러나 지금 이 오두막집에서 혼자 고독하게 갇혀 눈보라가 펑펑 쏟아지며 창문을 세차게 흔드는 것을 보자 먼저 당신이 떠올랐습니다. 이 집에 들어서는 순간, 아아, 로테! 당신의 모습, 당신의 추억이 갑자기 내 마음을 가득 메웠습니다. 신성하게, 그리고 포근하게. 아, 그 행복했던 첫 순간이 되살아납니다.

이렇게 마음이 산산조각 난 채 깨어져 흩어지는 큰 파도 속에 떠도는 나의 모습을 당신이 보신다면! 로테여! 나의 모든 감각은 차츰 마비되어

가고 있습니다. 가슴이 벅차오르는 순간도, 행복한 순간도 없습니다. 실로 허무하기 짝이 없는 일입니다.

말하자면, 나는 사람들과 말들이 눈앞에서 돌아다니는 것을 보고는, 마치 요지경 속을 들여다보는 것 같습니다. 그리고 이것은 혹시 착각이 아닌가 하고 내 자신에게 물어봅니다. 하긴 나도 이들과 함께 연극을 하고 있습니다. 아니, 꼭두각시처럼 조종을 당하고 있습니다. 그리고 가끔 이웃 사람들의 목석 같은 손을 잡아 보고는 깜짝 놀라서 뒤로 물러서기도 합니다.

밤이 되면, 내일은 해가 뜨는 것을 바라보며 즐기리라 결심하지만, 막상 아침이 되면 침대에 그대로 누워 있는 것입니다. 한낮에는 밤이 되면 달구경이나 할까 하고 생각하다가도 언제나 저녁이 되면 방 안에 그대로 틀어박혀 있는 것입니다.

나는 무엇 때문에 일어나며, 무엇 때문에 잠자리에 들어야 하는지 이유를 모르고 지내고 있습니다. 나의 생명을 발효시켜 주던 효모가 없어진 것입니다. 밤이 깊어도 졸음조차 느끼지 못하게 했던 보람은 사라지고, 아침이 되면 나를 눈뜨게 하던 무엇인가가 사라져 버렸습니다.

나는 이 곳에서 훌륭한 여자 한 분을 알게 되었습니다. B라는 아가씨로 당신을 꼭 닮은 여자입니다. 내가 이렇게 말하면 당신은 '어머나! 어쩌면 그런 입에 발린 소리를!' 하고 말하겠지요. 아닌게아니라 그렇기도 합니다.

얼마 전부터 나는 남의 비위를 꽤 잘 맞추게 되었습니다. 재담도 곧잘 한답니다. 그래서 이 곳 부인들은 나만큼 칭찬을 잘 하는 사람은 없을 거라고 합니다.(그리고 거짓말도 잘 한다는 말을 덧붙여야 하겠지요. 아무래도 거짓말을 하지 않고는 그렇게 칭찬을 잘 할 수가 없으니까요. 그렇지 않습니까?)

B양에 대한 이야기를 하려던 참이었지요? 그 아가씨는 풍요로운 영혼의 소유자로, 그녀의 푸른 눈이 그것을 잘 나타내고 있습니다. 이 아가씨는 자기의 신분이 자신이 바라는 것을 하나도 이루어 주지 못하기 때문에 오히려 그것을 짐스럽게 여기고 있습니다. 그녀는 언제나 시끄러운 주위의 잡음으로부터 도피하려 하고 있습니다. 우리는 둘이서 순수한 행복에 충만한 전원 풍경을 머릿속에 그리며 몇 시간이고 아름다운 정원을 걸어다니며 즐겁게 이야기하곤 합니다.

아아, 그리고 당신에 대한 생각도 물론 빼놓을 수 없지요! 그녀는 당신을 얼마나 칭찬했는지 모릅니다. 그것은 그녀의 마음속으로부터 진심으로 당신께 경의를 표하는 것입니다. 그녀는 언제나 당신에 대한 이야기를 듣고 싶어합니다. 그리고 당신을 사랑하고 있습니다.

아아, 그립고 정다운 방에서 당신과 마주 앉아 있고 싶습니다. 그러면 귀여운 아이들은 깡총거리며 내 주위를 돌아다녀 주겠지요. 아이들이 너무 시끄럽다고 당신이 야단을 치시면, 나는 그 아이들을 한자리에 모아 놓고 무시무시한 옛날 이야기를 들려주어 얌전히 앉아 있게 해 줄 수 있을 텐데…….

눈으로 반짝이는 저 들판 너머로 태양은 또 장엄하게 지고 있습니다. 눈보라도 지나갔습니다. 그러면 나는 또다시 새장 속에 갇히겠지요.

그럼, 안녕히 계십시오! 알베르트 씨는 당신 댁에 있는지요? 어떻게 지내고 있습니까? 이런 질문을 용서해 주십시오.

2월 8일

일주일 내내 고약한 날씨가 계속되고 있네. 그러나 나로서는 오히려 고마운 기분일세. 왜냐하면, 내가 이 곳에 온 이후로는 날씨가 좋은 날이면 으레 누군가가 훼방을 놓아 하루를 망쳐 놓는다거나, 또는 불쾌한 꼴을 당하지 않는 날이 별로 없었기 때문이네. 그래서 비가 오거나 눈보라가 치거나 서리가 내리거나 눈이 녹거니 히면, 오히려 '잘됐다!'는 생각이 드네. 이런 날에는 어쩔 수 없이 집 안에 갇혀 있게 되고, 밖에 나가 불쾌한 일을 당할 일이 없어지기 때문이지. 아침에 해가 떠오르고 날씨가 좋을 듯하면, '오늘도 녀석들은 또 하늘이 내리신 은총을 저희들끼리 서로 빼앗으려고 악다구니들을 하겠군!' 하고 외치지 않을 수 없네.

이 사람들은 서로 빼앗으려고 악다구니를 해야만 직성이 풀리거든. 건강, 명예, 오락, 휴양! 그것은 대체로 어리석음과 무지와 좁은 도량 등이 그 원인이지만, 그들의 말에 의하면 최선의 호의로써 남을 위해 그런다는 걸세. 때때로 나는 가끔 그렇게 난폭하게 서로의 창자 속을 휘젓지 말라고, 그들 앞에 무릎이라도 꿇고 빌고 싶을 지경이라네.

2월 17일

공사와 나는 더 이상 타협해 나갈 수 없을 것 같네. 도저히 참을 수 없는 사람이네. 그가 일을 처리하는 방식은 참으로 우습기 짝이 없네. 나는 이의를 제기하기도 하지만, 내 나름대로의 판단에 따라 적당히 처리해 버리기도 하네. 그것이 그의 비위를 건드린 모양이네. 그런 일로 해서 그는 최근 나에 대한 불만을 궁정에 보고한 것 같네. 덕분에 나는 장관으로부터 책망을 받았네. 뭐 대단할 것 없는 가벼운 책망이었지만 아무튼 책망은 책망 아닌가? 그래서 나는 사표를 낼 결심을 했지.

그런 참에 장관으로부터 친서가 왔다네. 그 편지를 읽고 나는 나도 모르게 무릎을 꿇고, 그 고결하고 깊은 사려에 머리를 숙이지 않을 수 없었네. 장관은 내가 너무나 감각적인 경향이 있음을 훈계하면서도, 한편 사무 처리나 대인 관계나 투철한 직업 의식 등에 대한 지나친 견해를 패기만만한 청년다운 기개로 높이 평가하고, 그것이 참되게 활용되어 진가를 발휘할 수 있도록 하라고 권고하는 내용이었네. 덕택에 일주일쯤은 용기를 얻고 마음을 진정시킬 수 있었네. 마음의 평화라는 것은 값진 걸세. 그것 자체가 하나의 기쁨이라고 할 수 있지.

친구여! 이러한 보석은 아름답고 값진 것이기는 하네. 다만, 이 아름답고 귀중한 보석이 쉬 부서지지만 않으면 좋으련만……

2월 20일(알베르트에게)
내 사랑하는 그대들이여! 신의 축복이 그대들 두 사람 위에 내리시기를! 그리고 나에게는 내려질 수 없는 좋은 날들을 모두 당신들에게 베풀어 주기를 빕니다.

알베르트 씨! 당신이 나를 속인 것에 대하여 감사드립니다. 나는 당신들이 결혼 날짜를 알려 줄 것을 기다리고 있었습니다. 그 날 나는 엄숙히 로테의 초상화를 벽에서 떼어 내어, 그것을 다른 서류들 속에 넣어 둘 생각이었지요. 지금 당신들은 하나로 맺어졌고, 초상화는 여전히 벽에 걸려 있습니다. 이렇게 된 이상 그대로 두기로 하겠습니다. 이대로 두어도 괜찮겠지요?

나는 당신들과 함께 있는 셈입니다. 당신에게는 폐를 끼치는 일 없이, 로테의 마음속에 있는 것입니다. 그렇습니다. 나는 그 속에서 이를테면 두 번째 자리를 차지하고 있는 격이지요. 나는 그 자리를 유지해 나갈 것입니다. 만일 로테가 나를 잊어버리기라도 한다면 나는 미치고 말 것입니다. 알베르트 씨, 이런 생각 속에는 지옥이 도사리고 있습니다.

그럼, 안녕히 계십시오! 그리고 그대 하늘의 천사여, 안녕!

3월 15일

나는 불쾌하기 짝이 없는 일을 당했네. 이제 더 이상 도저히 이 곳에 있을 수가 없네. 제기랄! 이 불쾌감은 진정 보상받을 길이 없네. 이렇게 된 것도 모두 자네들 책임일세. 나를 부추기고 재촉하고 떠다밀다시피 하여 마음이 내키지 않는 이 자리에 앉힌 것은 바로 자네들이니까 말일세. 이젠 나도 자네들도 끝장일세.

이런 파국을 초래한 원인은 모두 나의 극단적인 사고 방식에 있다고, 자네들은 이번에도 그렇게 말할 테니까, 나는 여기 연대기 필자들이 쓴 것과 같이 솔직한 이야기를 적어 보내겠네.

C백작이 나를 아껴 주고 돌보아 주고 있다는 이야기는 자네에게도 벌써 몇 번인가 했었지. 나는 어제 그 백작 댁의 저녁식사에 초대를 받아 갔다네. 그런데 이 날 저녁, 이 곳에서 상류 사회 신사 숙녀들의 파티가 열리기로 되어 있었고, 나는 그것을 전혀 알지 못했다네. 그리고 나 같은 아랫사람은 감히 그런 모임에 참석할 수 없다는 사실도 미처 생각지 못했다네.

아무튼 백작 댁에서 식사를 같이 했네. 그리고 식사가 끝난 뒤에는 큰 홀 안을 왔다갔다하면서 백작과 이야기를 주고받기도 하고, 마침 들어온 M대령과도 대화를 나누었네. 그러는 사이에 파티 시간이 다가왔네. 그러나 나는 어리석게도 전혀 알지 못하고 있었다네.

그 때 근엄한 S부인이 남편과 더불어 잘 부화된 거위 새끼 같은 딸을 데리고 들어왔네. 그녀는 납작한 가슴에 근사한 코르셋으로 허리를 꽉 죄고 있었다네. 이 세 사람은 걸어 들어가면서, 조상 대대로 내려오는 거만한 귀족적인 눈매와 콧짓을 보여 주었네.

나는 워낙 이런 족속이 마땅치 않았기 때문에 그만 물러나와야겠다고 생각하고, C백작이 그들과의 시시한 잡담에서 빠져 나오기만을 기다리고 있었지. 마침 그 때 그 B양이 들어왔네.

이 아가씨를 만나면 언제나 조금은 기분이 밝아지기 때문에 나는 그대로 머물러 있기로 작정하고 그녀의 의자 뒤에 섰던 것일세. 그런데 그녀와 잠시 이야기를 하고 있는 동안에 나는 어쩐지 그녀의 말투가 전과 같이 솔직하지 못하고 뭔가 서먹서먹하고 난처한 듯한 표정을 짓는 것을 알아차렸네. 나로서는 참으로 뜻밖이었네. '이 여자도 다른 무리들과 마찬가지인가!' 하는 생각을 하니 은근히 화가 치밀어 그만 물러나오려 했네.

하지만 나는 불쾌감을 간신히 억누르고 좀더 거기에 눌러앉아 있었네. 왜냐하면, 그녀의 그런 태도가 나의 잘못된 느낌에 지나지 않는다는 것을 확인하고 싶었고, 또 조금 있으면 그녀가 다정한 말 한마디쯤은 해 주리라는 기대를 했기 때문이었다네. 이리하여 잠시 머뭇거리는 사이에 손님들이 꾸역꾸역 모여들었지.

프란츠 1세의 대관식 무렵 때부터 전해 내려오는 고풍스러운 예복을 입은 F남작, 직책상 귀족 칭호를 받고 있는 궁중 고문관 R과 귀가 어두운 그의 부인, 시대에 뒤떨어진 의상의 해진 부분을 요즘 유행하는 천으로 기운 초라한 옷차림의 J씨도 빠뜨릴 수 없지. 이러한 무리들이 줄을 이어 들이닥쳤네.

나는 얼굴이 익은 몇몇 사람에게 말을 건넸는데, 이상하게도 모두들 평소와 달리 말수가 적었네. 나는 한동안 웬일인가 하고 생각에 잠기면서도 연신 B양에게 한눈을 팔고 있었다네.

그러자 내가 미처 알아채지 못하고 있는 사이에 여자들이 홀 한구석에서 수군덕거리는 소리가 들리더니, 그것이 곧 남자들에게로 전달되었네. 이윽고 S부인이 백작에게 이야기를 해서(이것은 모두 나중에 B양이 나에게 전해 준 말이지만), 마침내 백작이 나에게로 다가와 나를 창가로

데리고 가며 이렇게 말했네.

"자네도 알고 있겠지만, 우리네 사회의 신분 관례는 아주 미묘하거든. 자네가 이 자리에 있는 것이 모두들 못마땅한 모양일세. 나야 아무렇지도 않지만……"

나는 곧 그 이야기를 가로막고,

"각하! 대단히 죄송하게 되었습니다. 진작 눈치를 챘어야 했는데, 그만 실례를 했습니다. 각하께서는 저의 이러한 결례를 용서해 주실 줄 믿습니다. 실은 아까부터 그만 물러가려고 하면서도, 어찌하다 보니 미련스럽게 이렇게 됐습니다."

하고 미소를 지으며 인사를 했네.

백작은 어떤 감회가 어린 동작으로 내 손을 꽉 잡더군. 그것으로 모든 말을 대신하고 싶었던 모양일세. 나는 그 고귀한 무리들 사이를 슬며시 빠져 나와서, 2륜마차를 타고 M으로 갔네. 언덕 위에서 넘어가는 해를 바라보며, 호메로스를 펼치고 오디세우스가 훌륭한 돼지치기에게 대접을 받는 감동적인 대목을 읽었지. 흐뭇한 기분이었네.

해가 진 뒤에, 식사를 하러 시내로 돌아왔네. 레스토랑에는 아직 손님이 별로 없었네. 몇 사람의 단골들이 구석 자리에서 테이블 보를 벗겨 놓고 주사위를 굴리고 있었네. 거기에 아델린이라는 고지식한 친구가 들어오더니, 모자를 벗고 나에게로 다가와 나직한 목소리로 말을 건네더군.

"자네, 창피를 당했다면서?"

"뭐, 내가?"

"백작이 당신을 파티에서 내쫓았다면서?"

"난 그따위 파티는 원래 좋아하지 않는다네. 오히려 밖으로 빠져 나와서 시원한 바람을 쐬니까 기분이 한결 상쾌해지더군."

"자네가 대수롭지 않게 생각하니까 무엇보다도 다행이네. 그렇지만 나는 은근히 화가 치미는걸. 벌써 어딜 가나 소문이 자자하다네."

막상 그런 소리를 들으니까 비로소 오늘 있었던 일이 충격적으로 되살아나더군. 그 때서야 나는, 파티에 참석한 사람들이 내 얼굴을 흘끔흘끔 쳐다본 것이 그 때문이었구나 하는 생각이 들면서 분노가 치밀더군.

오늘은 어디를 가나 동정을 받는 신세가 되었네. 더구나 나를 시기하고 있던 녀석들이 의기양양해서, 온갖 험담을 늘어놓는 것이 아니겠나.

"이제 깨달았겠지, 머리가 남보다 좀 뛰어나다고 해서 우쭐대며 세상 물정을 무시하려고 들더니 꼴좋게 당했구나."

나는 그만 내 심장에 칼을 꽂고 싶은 심정이었네. 흔히 정신이 강해야 한다고 자주 말들 하지만, 비열한 사람들이 남의 약점을 잡고 그것을 이용하여 이러쿵저러쿵 터무니없는 소문을 퍼뜨리는 것을 어떻게 감당하겠나? 아아, 그 험담들이 전혀 근거 없는 소리라면 한 귀로 듣고 한 귀로 흘리며 못 들은 체해 버릴 수도 있으련만…….

3월 16일

모든 것이 나를 화나게 만들고 있네. 오늘 가로수 길에서 B양을 만났네. 우리가 일행에서 조금 떨어지게 되자, 나는 저번의 그녀 태도에 대한 불만을 털어놓지 않을 수 없었네.

"오, 베르테르 씨! 제 심정을 잘 아시잖아요? 저는 몹시 당황했어요. 그것을 그렇게 오해하시다니……. 홀에 들어섰을 때부터 선생님 때문에 얼마나 조마조마했는지 몰라요. 어떻게 되리라는 것을 뻔히 알 수 있었으니까요. 선생님께 귀띔을 할까 하고 몇 번이나 망설였는지 몰라요. S부인과 T부인은 선생님과 한자리에 어울릴 바에야 남편과 함께 돌아가려 했거든요. 그리고 백작으로서도 그분들의 의견을 존중하지 않을 수 없는 처지니까요. 그런데 이렇게 말썽을 빚게 되다니요!"

"뭐라고요?"

하고 나는 반문하면서도 겉으로는 나의 놀라움을 숨겼다네. 그저께 아델린이 나에게 한 말이 그 순간에 끓는 물처럼 내 혈관 속을 소용돌이쳤네.

"저도 그 때부터 얼마나 가슴이 쓰라렸는지 몰라요."

하고 다정스러운 그 여인은 눈물을 글썽거렸네. 나는 나 자신을 억누를 수가 없어서 하마터면 그녀의 발밑에 몸을 내던질 뻔했네.

"어서 속시원히 말해 주십시오!"

하고 나는 외쳤네. 눈물이 그녀의 볼을 타고 흘러내렸네. 나는 제정신이 아니었네. 그녀는 눈물을 감추려고도 하지 않고, 그것을 닦으면서 이야기를 시작했네.

"저의 아주머니를 아시지요? 그분도 그 자리에 계셨어요. 어떤 눈초리로 그 광경을 바라보고 있었는지 아세요? 베르테르 씨, 저는 어제 밤새도록 아주머니에게 꾸지람을 들었어요. 그리고 오늘 아침에도 선생님과의 교제에 대하여 설교를 들었어요. 선생님을 멸시하고 헐뜯는 것을 저는 듣고 있을 수밖에 없었어요. 선생님을 변호하려 했지만, 제가 생각한 것의 절반도 말을 할 수가 없었어요. 아주머니가 말도 못하게 하는걸요."

그녀의 말 한 마디 한 마디가 칼끝처럼 내 가슴을 찔렀네. 그녀가 차라리 아무 말도 하지 않았더라면 얼마나 좋았겠나? 그것이 그나마 나에 대한 자비로운 태도였을 텐데. 그녀는 나의 이러한 심정을 전혀 알아차리지 못했네.

뿐만 아니라 그녀는 이렇게 덧붙였네. 앞으로 무슨 고약한 소문이 꼬리를 물고 일어날지 모른다는 것이었네. 전부터 나를 비난하고 있던 사람들은, 낚들을 대할 때의 내 거만한 태도와 사람을 업신여기는 듯한 거동에 벌이 내렸다면서 고소하게 여기고 기뻐할 것이라면서 말일세…….

빌헬름! 그녀가 진심으로 동정어린 목소리로 들려주는 그 모든 이야기를 듣고 나는 허탈 상태에 빠졌네. 지금도 미칠 것만 같네. 차라리 누구든지 나를 맞대고 당당히 비난을 퍼부어 주었으면 싶네. 그렇게 되면 그 놈의 가슴을 단도로 푹 찔러 버릴 수 있으련만. 피를 보면 얼마쯤 마음이 진정될 거야.

아아, 나는 몇 번이나 손에 칼을 쥐고 이 답답한 가슴에 구멍을 내려고 했던가! 어떤 훌륭한 말은 마구 몰아세워 잔뜩 흥분시켜 놓으면, 본능적으로 핏줄을 물어뜯어 피가 흘러내리는 것을 보고 한숨 돌린다고 하지 않던가? 나도 이처럼 내 핏줄을 자름으로써 영원한 자유를 얻고 싶어지네.

3월 24일

나는 궁정 당국에 사직서를 제출했네. 아마도 수리될 걸세. 미리 자네들의 허락을 받지 않은 점은 아무쪼록 용서하게나. 어차피 나는 이 고장을 떠날 수밖에 없으니까. 나를 만류하기 위해 자네들이 충고할 말도 알고 있네.

이 사실을 우리 어머니께 넌지시 좀 전해 주기 바라네. 나는 나 자신 하나 추스를 힘이 없다네. 내가 어머니께 힘이 되어 드리지 못하더라도 어머니는 이해하실 거야. 물론 어머니는 슬퍼하시겠지. 추밀원 고문관이나 공사가 되기를 지향하며 발걸음을 내디뎠던 아들의 화려한 출셋길이 갑자기 중단되어, 경주에 나섰던 말을 끌고 다시 마구간으로 되돌아간 셈이니까.

아무튼 이 문제에 대해선 자네들 좋을 대로 생각하게나. 내가 유임할 수 있었을 것이라든가, 유임했어야만 할 것이라든가, 마음대로 말해도 상관없네. 아무튼 나는 이 곳을 떠나야겠어. 내가 가는 곳을 알려 주겠네. 이 고장에 ××공작이라는 분이 있다네. 내 계획을 듣고, 나와 함께 자기의 영지로 가서 그 곳에서 아름다운 봄을 같이 지내지 않겠느냐고 나를 초대해 주었다네. 모든 것을 내 마음대로 자유롭게 행동해도 좋다고 약속했다네. 어느 정도 서로 이해하고 있는 사이여서, 나는 운을 하늘에 맡기고 그와 동행할 작정일세.

초대의 답장

4월 19일

보내 준 두 통의 편지는 고맙게 받았네. 답장을 하지 않은 것은, 궁정에서 사표가 수리될 때까지 이 편지를 보내지 않고 보류해 두었기 때문이었네. 나로서는, 어머니께서 장관께 부탁을 하여 내 계획을 방해할지도 모른다는 우려가 있어서였지.

그러나 이젠 끝났네. 나의 해임이 재가되었어. 해임 발령을 내리기까지 얼마나 우여곡절이 많았는지, 장관이 나에게 어떤 편지를 써 보냈는지, 그런 것들은 이야기하지 않기로 하겠네. 만일 알리면 자네들은 다시 새삼스럽게 한탄하고 떠들 테니까. 황태자께서는 석별금으로 25두카텐을 하사해 주셨네. 그와 함께 보내 주신 글을 읽고 나는 감격의 눈물을 흘렸다네. 덕택에 지난번에 어머니께 부탁드렸던 돈은 필요 없게 되었네.

5월 5일

　내일 이 곳을 떠나네. 나의 고향이 이 곳에서 10킬로미터밖에 안 떨어져 있으니, 가는 도중에 오래간만에 들러 꿈결처럼 행복하게 지냈던 지난날들을 회상해 볼까 하네. 아버지가 돌아가시고 나서 어머니와 내가 마차를 타고 정든 그 고장을 떠날 때 지나온 바로 그 성문을 거쳐서 들어갈 생각이라네.

　잘 있게, 빌헬름! 가는 도중에 또 소식 전하겠네.

5월 9일

　성지 순례자 같은 경건한 심경으로 고향 방문을 마쳤네. 뜻하지 않은 갖가지 감회가 나를 사로잡았네. S쪽을 향해 시내에서 15분 정도 나간 곳에 커다란 보리수가 한 그루 있지. 그 근처에서 나는 마차를 세우고 내렸네.

　걸어가면서 지난 추억을 새로운 기분으로 생생하게 마음껏 되새겨 보고 싶어서 마부를 먼저 보냈네. 나는 이 보리수 아래에 우두커니 서서 옛날 소년 시절에 내 산책의 목적지이자 종착 지점인 이 곳을 회고해 보았네. 그런데 그 보리수 아래에서 걸음을 멈추고 보니, 아아, 어쩌면 이렇게도 달라졌을까! 그 무렵에는 아무것도 모른 채 행복 속에 잠겨 미지의 세계를 동경하고는 했었지. 그 넓은 세계에서 흡족한 마음의 양식을 얻을 수 있고, 온갖 즐거움을 누릴 수 있으며, 필시 꿈을 찾아 헤매는 내 마음을 채워 줄 풍부한 양식과 기쁨을 얻을 수 있으리라고 믿었던 걸세.

　이제 나는 그 넓은 세계로부터 돌아왔네. 아아, 벗이여! 그 많은 희망은 헛되이 사라지고, 다채롭던 계획은 여지없이 허물어져 버렸네. 눈앞에는 그토록 번번이 동경의 대상이던 산들이 눈앞에 가로놓여 있는 것을 바라보았네. 몇 시간 동안이나 이 곳에 앉아 먼 곳을 동경하고, 멀리 어슴푸레한 정다운 숲이나 골짜기를 넋을 잃고 바라보기도 했었네.

이윽고 날이 저물어 돌아가야 할 때가 되었을 때, 나는 얼마나 애석한 마음으로 그 곳을 떠나야 했던가! 이윽고 동네 가까이 와서 나는 낯익은 하나하나에 대하여 인사를 보내었네. 새로 생긴 집은 마음에 들지 않았네. 또 내가 없는 동안에 개축한 집들도 마음에 들지 않았네.

나는 성문을 지나 거리로 들어서자마자 곧 내가 완전히 옛날의 나로 되돌아가는 것을 느낄 수 있었네. 너무 장황하게 늘어놓지는 말아야지. 나에게 있어서 그리운 것일수록, 이야기를 하면 단조로운 것이 되어 버릴 테니까 말일세. 나는 시장 맞은편, 우리의 옛 집 바로 곁에 있는 여관에 묵기로 했네. 그리로 가면서 알게 된 것인데, 성실한 노부인이 우리 개구쟁이의 어린 시절을 곧잘 가두어 넣었던 그 교실은 잡화점이 되어 있었네.

그 속에 갇혀서 겪어야 했던 불안과 눈물, 그리고 지루함과 애달픔이 회상되었네. 한 발짝씩 걸음을 옮길 때마다 무엇인가 다른 추억들이 되살아났네. 성지를 찾은 순례자라 해도 이처럼 숱한 종교적인 회상의 장소를 대하게 되는 일은 없을 걸세. 그리고 또 그 마음이 이토록 신성한 감동으로 충만되는 일도 드물 걸세. 이야기하고 싶은 일은 수없이 많지만, 다 줄이고 한 가지만 더 이야기하겠네.

나는 강을 따라서 어떤 저택이 있는 곳까지 걸어 내려갔네. 여기 역시 옛날에 내가 곧잘 다녔던 길로, 우리는 종종 이 곳에서 납작한 돌멩이를 물 위에 던져서 물수제비뜨기 시합을 하곤 했지. 나는 때때로 이 곳에 서서 이상한 예감에 가슴을 부풀리며 흘러가는 물길을 따라 시선을 보내곤 했다네.

그 때 나는 그 물줄기가 닿을 머나먼 고장, 신비에 가득 찬 세계를 머릿속에 그려 보고는 했었지. 그러다 보면 내 상상력은 한계에 도달하여 더 상상할 밑천이 없어져 버리고 마는데, 그래도 여전히 생각은 앞으로만 나아가서 마침내 눈에 보이지 않는 먼 세계 속으로 들어가 나를 잃어버리고는 했었다네.

벗이여! 훌륭한 우리 조상들은 극히 한정된 이 세계 속에서 약간의 지식으로 얼마나 행복하게 살아왔던가! 그들의 생활 감정이나 그들의 시는 또 얼마나 순수했던가! 오디세우스가 무한한 바다, 무한한 대지에 대하여 이야기했을 때 그 말은 진실하고 인간적이며 마음으로부터 우러나온 것이요, 절실하고 신비로운 것이었네.

내가 지금, 지구는 둥글다고, 초등학생들도 다 알고 있는 사실을 말해 본들 그런 지식이 무슨 소용이 있단 말인가? 얼마간의 흙덩이만 있으면 인간은 그 위에서 얼마든지 즐거울 수 있고, 약간의 흙만 덮어 주면 잠들기에 충분하다네.

나는 현재 이 곳 공작 댁 사냥 별장에 머무르고 있네. 집주인과는 앞으로 즐겁게 지낼 수 있을 것 같아. 그는 성실하고 고지식한 사람이라네. 그런데 그를 둘러싼 이해할 수 없는 사람들의 정체는 나로서는 가늠할 수가 없네. 얼핏 보아 악당들 같지는 않은데, 그렇다고 진실한 인간들 같지도 않네. 때때로 진실해 보이는 경우도 있지만, 어쩐지 믿을 수가 없네.

그 밖에 유감스러운 일은, 공작께서 단순히 귀로 들었거나 눈으로 읽은 것에 대해 자주 이야기한다는 점인데, 더욱이 그것을 다른 사람에게서 배운 듯한 관점에서 이야기한다는 걸세.

공작은 나의 지성과 재능을 나의 영혼보다 높이 평가하고 있네만, 내 영혼이야말로 나의 유일한 자랑거리이며, 그것만이 모든 힘, 모든 기쁨, 모든 불행의 원천이 아닌가? 아아, 내가 지니고 있는 지식은 누구나 익힐 수 있는 것이지만, 나의 영혼, 그것은 오직 나만이 지니고 있는 것이라는 걸 왜 모르시는지!

5월 25일

나는 한 가지 계획을 세운 게 있는데, 그것이 실현되기 전까지는 아무에게도 말하지 않을 생각이었네. 그러나 그것이 무산되어 버린 지금에 와서 아무러면 어떤가. 나는 전쟁터에 나갈 생각이었네. 이 계획을 나는 오랫동안 마음속에 간직하고 있었지.

공작을 따라 이 곳에 온 것도 주로 그 때문이었네. 공작은 ××에 근무하는 장군이거든. 같이 산책을 나갔을 때 이 계획을 공작에게 털어놓았더니, 그는 나를 타이르며 그만두라는 것이었네. 따지고 보면 내 가슴속에서 요동하고 있었던 것은 정열이라기보다 변덕에 불과했는지도 몰라. 나를 움직인 것이 정열이었다면 그의 말에 귀를 기울이진 않았을 테니 말일세.

6월 11일

자네가 뭐라고 하든 난 이 이상 더 이 곳에 머무를 수가 없네. 여기에서 내가 무엇을 할 수 있겠는가? 지루하기만 하네. 공작은 나를 극진히 대접해 주고 있지만 여기는 내가 있을 만한 곳이 못 되네.

따지고 보면 공작과 나는 근본적으로 공통되는 점이 없어. 공작은 극히 세속적인 성인일세. 그와의 교제는 좋은 책을 읽는 것 이상의 즐거움을 주지는 못하네.

앞으로 한 주일만 더 머물러 있다가 다시 정처 없는 여행을 떠나야겠네. 이 곳에서 내가 가장 보람 있는 일을 했다면 그림을 몇 장 그린 것이네. 공작은 예술에 대해 어느 정도의 센스는 갖고 있네. 만일 역겨운

학문적인 취향이나 틀에 박힌 상투적인 학술 용어에 얽매이지 않았다면, 더욱 날카로운 감수성은 지닐 수 있었을 걸세.

내가 상상력을 동원하여 자연과 예술의 세계에 대해 여러 가지로 설명해 줄 때, 그는 판에 박은 진부한 학술 용어를 내세워 그 한 마디로 문제가 해결된 듯이 여긴다네. 그럴 때면 나는 몹시 안타깝다네.

6월 16일

그렇다네. 나는 다만 이 지상의 하찮은 한 사람의 나그네, 이 세상의 한낱 순례자에 불과하다네. 그런데 자네들은 그 이상의 존재인가?

6월 18일

어디로 갈 작정이냐고? 자네에게만 살짝 밝혀 두겠네. 앞으로 두 주일 동안은 이 곳에 있어야만 하네. 그 뒤엔 ××광산을 찾아가 볼 생각이야. 하지만 그건 구실에 지나지 않네. 나는 다만 로테 곁으로 다시 가고 싶은 걸세. 그게 내 마음의 전부야. 나는 나 자신의 마음을 맘껏 비웃으면서도 결국은 내 마음이 하고자 하는 대로 그냥 따를 생각이네.

7월 29일

모든 것이 그것으로 만족스러울 텐데. 내가 만약 그녀의 남편이라면 말야! 아, 나를 만드신 하느님! 당신께서 그런 기쁨을 제게 내려 주셨더라면 저는 평생토록 끊임없이 감사의 기도를 올렸을 것입니다. 저는 당신께 항의하려는 것이 아닙니다. 저의 이 눈물을 용서하소서! 이 덧없는 소망을 용서하소서!

그녀가 내 아내라면! 이 세상에서 가장 사랑스러운 그녀를 내 가슴에 껴안을 수만 있다면! 그러나 알베르트가 그녀의 가냘픈 몸을 껴안고 있

다고 생각하면, 아아, 빌헬름! 나는 온몸이 마구 떨린다네.

　그런데 이런 말을 해도 괜찮을지 모르겠네. 아무렴, 괜찮을 테지! 그녀는 나와 결합하는 것이 알베르트와 결혼하는 것보다는 더 행복해질 수 있었을 텐데……. 알베르트는 그녀의 내면적인 소망을 충족시켜 줄 수 있는 인물이 못 되네. 알베르트의 사물에 대한 감수성에 일종의 결함이——이건 자네 좋을 대로 해석하게나——있거든.

　예를 들면, 마음에 드는 책을 같이 읽고 있다가, 내 마음과 로테의 마음이 서로 공감하여 하나로 합쳐지는 그런 대목에서 그의 심장은 끄떡도 하지 않네. 로테와 내가 약속이라도 한 듯 절로 감탄의 소리를 내는 경우에도 역시 마찬가지야. 사랑하는 빌헬름! 그렇지만 그는 로테를 진심으로 사랑하고 있네. 그만한 사랑이라면 어떠한 보답이라도 받을 만한 가치가 있지!

반갑지 않은 손님이 와서 방해를 놓아 나의 눈물은 말라 버리고 마음도 몹시 사라해졌네.

그럼 잘 있게나, 빌헬름!

8월 4일

이런 꼴을 당하는 것은 나만이 아닐세. 인간은 누구나 희망에 속고 기대에 배반당하게 마련이지.

나는 보리수 아래에 살고 있는 그 마음씨 고운 부인을 찾아가 보았네. 큰아들 녀석이 환호성을 지르며 달려나왔네. 그 소리에 이끌리어 그 아이의 어머니도 나왔네.

그런데 전과는 달리 기운이 없어 보였네. 그녀가 한 첫마디는 이랬네.

"아, 선생님이시군요! 우리 한스가 죽었어요."

한스란 그 집의 막내아들이지. 나는 어안이 벙벙하여 잠자코 있었네.

"그리고 바깥양반도……."

하고 그녀는 말을 이었네.

"스위스에서 돌아오긴 했지만 빈털터리였어요. 오는 길에 전염병에 걸렸지 뭐예요. 다행히 친절하신 분들이 돌봐 주지 않았더라면 구걸을 하며 올 뻔했답니다."

나는 위로의 말이 얼른 입에서 나오지 않아, 아이의 손에 돈 몇 푼을 쥐어 주었을 뿐이네. 그 어머니가 사과 몇 알을 주기에 그것을 받아들고, 나는 슬픈 추억이 서린 그 장소를 떠났네.

8월 21일

내 마음은 손바닥을 뒤집듯이 쉽게 변한다네. 때로는 인생의 즐거움이 다시 찾아올 것 같은 마음이 들기도 하지만, 아아! 그러나 그것은 다만 한순간에 지나지 않네. 아련한 꿈속 같은 기분에 잠겨 있을 때면, '만일 알베르트가 죽는다면?' 하는 생각이 떠오르는 것을 억제할 수가 없다네. 그렇게 되면 아마도 내가……. 그리고 그녀가……. 그리고……. 이런 환상을 쫓다가 끝내는 심연에 빠져 몸서리치며 뒤로 물러선다네.

성문을 지나, 로테를 무도회에 데리고 가기 위하여 처음으로 마차로 지나간 그 길을 걸어가 보니, 참으로 많이 변했더군! 지난날의 그 모습은 흔적도 없이 사라지고, 그 때의 내 가슴의 고동은 자취조차 없어졌네. 일찍이 어떤 전성기를 자랑한 영주가 임종하면서 사랑하는 아들에게 물려주었던 견고하고 호화로운 성곽은 이제 완전히 잿더미가 되고, 지금은 그 폐허에서 망령이 되어 돌아다니는 기분일세.

9월 3일

나는 알다가도 모르겠네. 내가 이토록 그녀를 깊이, 또 진심으로 사랑하여 그녀말고는 아무것도 알지 못하고 아무것도 거들떠보지 않았는데 어떻게 다른 사람이 그녀를 사랑할 수가 있으며, 그 사랑이 용납될 수 있단 말인가?

9월 4일

계절이 가을로 접어드는 데 따라 내 마음도, 내 주위도 가을이 되어 가네. 나라는 나무의 잎은 누렇게 물들고, 내 이웃의 나뭇잎들은 벌써 떨어져 버렸네.

언젠가 내가 이 고장에 왔을 때, 자네에게 어느 농가에서 머슴으로 일하던 젊은이에 대한 이야기를 써 보낸 일이 있지? 이번에 나는 발하임에서 그 사나이를 수소문해 보았네. 모두들 그는 머슴살이하던 집에서 쫓겨났다고 하는데, 그 이상의 소식은 아무도 모른다는 것이었네. 그런데 어제 다른 마을로 가는 도중에 우연히 그 청년을 만났네. 말을 걸었더니 청년은 사정 이야기를 해 주었는데 그것을 듣고 나는 거듭거듭 감동했네. 아마 내가 그의 이야기를 자네에게 들려준다면 자네도 아마 나의 감동을 쉽게 이해하게 될 걸세.

그러나 내가 그런 이야기를 자네에게 늘어놓는다 한들 무슨 소용이 있겠나? 어째서 나는, 나를 불안하게 하고 슬프게 하는 일을 내 가슴속에만 간직해 두지 못하는 걸까? 어째서 자네 마음까지 어둡게 만드는 걸까? 어째서 언제나 자네가 나를 측은해하고 책망할 기회를 주는 걸까? 이것도 아마 내가 타고난 운명이겠지!

처음에 그는 잔잔한 슬픔을 드러내 보이며 내 물음에 대답하다가 얼마간 머뭇거리는 기색이 엿보이더군. 그러나 그것도 잠시, 이윽고 내 인간됨을 알아차리기라도 한 듯이 솔직하게 자신의 잘못을 털어놓고는 불행한 신세를 하소연하는 것이었네. 그의 말 한 마디 한 마디를 그대로 자네에게 들려주고, 자네의 판단을 들었으면 싶네. 그는 내게 고백했네. 아니, 고백했다기보다는 추억에 따르는 행복감과 쾌감에 젖은 듯한 어조로 이야기를 했네.

여주인에 대한 정열은 날이 갈수록 더해 가서, 나중에는 자기가 무엇을 하고 있는지 분간조차 못할 정도에 이르렀다는 것이네. 그의 표현에 의하면 머리를 어디로 돌려야 할는지조차도 모르게 되어 버렸다는 걸세. 먹을 수도, 마실 수도, 잠을 잘 수도 없게 되었다는 거야. 아예 목이 콱 막혀 버리고 나중에는 해서는 안 될 짓을 하고, 시키는 일은 잊어버리기 일쑤였다네.

마치 도깨비에 홀린 것 같던 어느 날, 그 여주인이 이층 방에 혼자 있는 것을 알고는 뒤따라 올라갔다네. 저도 모르게 그리로 이끌려 올라간 셈이지.

그녀가 그의 소망을 들어주지 않았으므로, 그는 폭력으로 그녀를 정복하려 했다네.

　어째서 그런 마음을 먹게 되었는지 자신도 알 수가 없었고, 다만 하느님께 맹세할 수 있는 것은 여주인에 대한 자기의 사랑은 언제나 진지한 것이었으며, 진심으로 바랐던 것은 다만 그녀와 결혼하여 일생을 함께 보내고 싶은 생각만이 가장 큰 희망이었다네.

　이렇게 얼마 동안 이야기를 하더니 젊은이는 주춤거리기 시작했네. 아직 말하고 싶은 것이 더 있기는 한데, 시원스럽게 털어놓기가 난감한 듯한 기색이었네. 드디어 그는 머뭇거리면서 다음과 같은 사실을 고백했네. 그런데 여주인은 자기의 사랑의 고백을 받아 주었을 뿐만 아니라, 그녀에게 접근할 수 있게 허용해 주었다는 사실을 털어놓았네. 그는 몇번 침묵을 지킨 끝에 자기가 이런 말을 하는 것은 결코 여주인을 나쁜 여자로 몰기 위해서가 아님을 거듭 강조하며, 자기는 그녀를 전과 다름없이 사랑하며 존경하고 있다고 했네.

　그리고 이런 이야기는 한 번도 입 밖에 내어 본 적이 없지만, 당신에게 이런 이야기를 하는 것은, 자신이 도리를 모르는 인간이 아니라는 것을 알아주었으면 해서라고 열심히 변명을 하더군.

　벗이여! 여기서 나는 또다시 입버릇처럼 하는 소리를 되풀이해야겠네. 자네 앞에 그 청년을 세워 보고 싶네! 그가 내 앞에 서 있었던 꼭그대로, 그리고 지금도 내 눈앞에 서 있는 모습 그대로 말일세. 자네에게 모든 것을 제대로 전달할 수 있으면 좋으련만! 그리하여 내가 얼마나 그의 운명에 동정하고 있으며, 또 동정하지 않을 수 없는가 하는 것을 자네가 알아주었으면 싶은 걸세.

　하지만 그럴 필요가 없을 것 같기도 하네. 자네는 내가 어떤 운명에 처해 있는지 잘 알고 있을 뿐만 아니라 나라는 인간 자체도 잘 알고 있으므로, 내가 모두 불행한 인간에게 특히 마음이 끌리는 까닭을 자네는 알고도 남음이 있을 터이니 말일세.

이 편지를 다시 읽어보았더니, 이야기의 결말을 잊고 있었구만. 하긴 자네라면 이러한 이야기의 결말쯤은 쉽게 짐작할 수 있을 테지. 여주인은 자기 몸을 지키려고 했네. 때마침 그녀의 오라비가 온 걸세. 그 오라비라는 사람은 전부터 그 청년을 미워하고 있었으며, 그를 그 집에서 쫓아내려 하고 있었다네.

누이동생이 재혼을 하면 자기 아이들에게 돌아올 유산이 줄어들게 될 것을 두려워했던 거지. 누이동생에게는 아이가 없었기 때문에 그 유산에 눈독을 들이고 있었던 걸세. 그는 청년을 당장에 내쫓고 온 마을에 소문을 퍼뜨려, 여주인이 설령 나중에 그 청년을 용서한다고 해도 다시는 집에 들일 수가 없게 만들어 버린 거야.

지금은 다른 고용인을 두었는데, 그 고용인과의 관계 때문에 오라비와 사이가 틀어졌다는군. 게다가 마을 사람들은 여주인이 틀림없이 그 고용인과 결혼할 것이라고들 하는데, 그녀의 오라비는 그것을 절대 허락하지 않을 결심을 했다는 걸세.

지금까지 한 이야기에 과장은 전혀 없네. 미화하지도 않았네. 오히려 가능한 한 사실을 곧이곧대로 이야기한 셈일세. 게다가 일상적이고 상투적인 용어들을 사용해서 딱딱하게 된 느낌도 없지 않네.

다시 말해 이 사랑, 이 진실, 이 정열은 결코 문학적으로 창작한 것이 아니라는 말일세. 이것은 살아 있는 이야기야. 그러한 사랑은 우리가 교양이 없다느니 상스럽다느니 하고 말하는 계층의 사람들의 가슴속에 가장 순수하게 살아 있는 것이라네. 그런데 우리네 소위 교양 있다고 하는 인간들은 사실 교양의 희생물에 지나지 않는 걸세! 부디 이 이야기를 진지한 마음으로 읽어 주기 바라네.

이 이야기를 쓰다 보니, 오늘은 마음이 차분해졌네. 글씨만 보아도 알겠지? 황망하게 휘갈긴 여느 때의 글씨와는 다르지 않은가. 벗이여! 이건 자네 친구의 이야기이기도 하다는 것을 생각해 주게. 지금까지도 그랬지만 앞으로도 그럴 걸세. 나는 이 가엾고 불행한 청년에 비하면 결단력을 반도 가지고 있지 못한 셈이네. 나는 감히 그와 비교하려고도 하지 못하겠네.

9월 5일

로테는 일 관계로 시골에 가 있는 남편 앞으로 편지를 썼네. 그 서두는 이러했지.

'사랑하는 이여! 될 수 있는 대로 빨리 돌아와 주세요. 무한한 기쁨과 더불어 그 날을 손꼽아 기다리고 있습니다.'

그 때 한 친구가 찾아와서, 알베르트는 일의 형편상 빨리 돌아올 수 없게 되었다는 소식을 전해 주었네. 로테가 남편에게 보낼 이 편지는 써 놓은 채 그대로 두었기 때문에 내 눈에 띄었다네. 나는 그걸 읽고 미소를 지었네. 왜 웃느냐고 로테가 물었네.

"상상력이란 하느님이 내려주신 가장 큰 선물이지요."

하고 나는 큰 소리로 말했네.

"나는 이 편지를 나에게 쓴 것이라고 상상해 보았지요."

로테는 갑자기 입을 다물어 버렸네. 내 말에 기분이 언짢아진 모양이었어. 나도 입을 다물고 말았다네.

9월 6일

결단을 내리기가 무척 힘들었지만, 나는 로테와 처음으로 춤출 때 입었던 푸른 연미복을 벗어 버리기로 결심했네. 이제는 아주 낡아서 볼품 없게 되었거든. 그래서 깃이며 소매를 그것과 똑같이 해서 새로 한 벌 맞추었네. 조끼와 바지도 전의 것과 같이 노란빛으로 했지.

그런데 어쩐지 아직도 그전 같은 멋이 나지 않는군. 며칠 지나면 차차 마음에 들게 되겠지.

9월 12일

로테는 알베르트를 만나기 위해 외지로 여행을 떠나서 며칠 동안 집에 없었네. 그런데 오늘 찾아가니 로테가 나를 맞이해 주었네. 나는 기쁨에 넘쳐서 그녀의 손에 입을 맞췄지. 한 마리의 카나리아가 경대 위에서 로테의 어깨로 날아와 앉았네.

"새로 사귄 친구예요."

하고 말하며 새를 자기 손바닥 위에 앉혔네.

"아이들에게 선물로 주려고 갖고 왔지요. 여간 귀엽지가 않아요. 이것 보세요! 빵을 주면 날개를 파닥거리면서 얌전히 쪼아 먹어요. 저에게 키스도 해요. 자, 이것 보세요!"

그녀가 입술을 내밀자 새는 아주 귀엽게 고개를 갸우뚱하고 그녀의 감미로운 입술에 부리를 갖다 대는 것이었네. 자신이 누리고 있는 행복을 알기라도 하는 듯이 말일세.

"선생님에게도 키스시켜 드려야지……"

하며 로테는 나에게로 카나리아를 내밀었네. 그 조그만 부리가 로테의 입과 나의 입을 간접적으로 닿게 해 주었네. 그 감촉은 사랑에 넘치는 입김과도 같았고, 또 어떤 예감과도 같은 것이었네.

"이 새의 키스에는 무엇인가를 달라고 요구하는 듯한 느낌이 나는군요. 애무만으로는 불만인가 봐. 먹이를 바라는 눈친데."

하고 나는 말했네.

"제 입으로 주는 모이를 잘 받아먹어요."

하고 로테는 말했네. 그리고 그녀는 빵 조각을 몇 개 입에 물고 새에게 먹여 주었네. 그 입술은 천진난만한 애정의 기쁨에 넘쳐서 활짝 미소짓고 있었네.

나는 그만 얼굴을 돌리고 말았네. 그녀는 그런 짓을 하지 말았어야 했네! 그런 그림과 같은 광경, 천국과 같은 청순하고 복된 정경을 보면, 내 상상력은 자극을 받지 않을 수 없거든.

생활에 대한 무관심으로 일껏 잠든 내 마음을 다시금 일깨워 줄게 무어란 말인가! 그렇다고 왜 그녀가 그래서는 안 된단 말인가! 그녀는 그토록 나를 믿고 있는 거야. 내가 그녀를 얼마나 사랑하고 있는가를 잘 알고 있으면서 말일세!

9월 15일

빌헬름! 이 지상에 얼마 남아 있지 않은 귀중한 사물에 대하여 이해심도 없고 감정도 없는 인간이 있다는 생각을 하니 미칠 것만 같네. 성 ×× 촌의 충직한 목사 댁에서 로테와 내가 함께 앉았던 호두나무 그늘에 대한 이야기는 자네도 기억하고 있겠지?

그것은 참으로 근사한 나무였지! 그 나무가 있음으로 해서 목사관이 얼마나 친근하게 느껴졌는지 모른다네! 그 시원스러운 나무 그늘! 그 무성하고 멋진 나뭇가지들! 나는 곧잘 몇십 년 전으로 거슬러올라가 이 나무를 심은 정직한 목사들의 생각을 해 보았네.

학교 선생은 할아버지에게서 전해 들었다는 그 목사의 이름을 말해 주었지. 훌륭한 분이었다고 하는데, 그 호두나무 아래 서기만 하면 성스러운 마음으로 그 분에 대한 추억에 사로잡히게 되었다네.

아닌게아니라, 그 학교 선생은 우리가 어제 그 호두나무가 잘린 데

대한 이야기를 주고받을 때, 눈에 눈물이 그득했네. 베어 버리다니! 나는 미칠 것만 같네. 그 나무를 맨 처음 도끼로 내려찍은 녀석을 죽여 버리고 싶을 정도야. 베어 버리기는커녕 수명이 다해 늙어서 말라 죽기만 해도 슬퍼서 못 견디는 내가 이 일을 잠자코 보고 있어야만 하다니!

벗이여! 그런데 여기에 한 가지 재미있는 일이 있다네! 인간의 감정이란 참으로 묘한 걸세. 온 마을 사람들이 투덜거리기 시작한 거야. 목사 부인은 버터며 달걀이며 그 밖의 선사품이 들어오는 양이 줄어드는 것을 보면서, 자기가 마을 사람들에게 얼마나 인심을 잃었는지 깨닫게 된 걸세. 나무를 베게 한 장본인은 바로 그 여자거든.

새로 부임한 목사 부인은(전의 노목사는 돌아가셨네) 마르고 병약한 여자로 성격까지 차가웠지. 아무도 자기에게 호감을 갖지 않으니까, 세상일에 대해서도 차디찬 눈초리로 바라보게 되는 것은 어쩌면 당연한 이치지.

그녀는 주제넘게도 학자가 되겠다고 성서 원본 연구에 골몰하고, 요즈음 한창 유행하는 도덕적·비판적 그리스도교 개혁에 참여하고, 라바테르(1741~1801, 취리히 태생의 열광적인 신학자)의 광신적인 태도에 대해서는 어깨를 으스대며 멸시하더니 어느 때부터인가 건강이 몹시 나빠졌는데, 그렇게 되고 보니까 하느님이 창조하신 이 대지 위에서는 아무런 기쁨도 느낄 수 없게 되어 버린 어리석은 여자이지.

그러니 남의 소중한 호두나무쯤 얼마든지 잘라 버릴 수 있지 않겠나? 정말 어처구니가 없네.

그녀의 구실은 이렇다네. 낙엽이 지면 뜰 안이 지저분해지고, 잎이 무성할 때는 햇빛을 가리고, 호두가 열리면 아이들이 돌을 던지니 신경에 거슬려서, 케니 코트(1718~1783, 영국의 신학자로서 특히 구약성서의 원전 비판으로 업적이 큼)와 젬레르(1725~1791, 경건파의 신학자), 그리고 미야엘리스(1717~1791, 프로테스탄트의 신학자)의 비교 연구를 할 수가 없다는 걸세. 마을 사람들 중에서도 특히 노인들이 무척 불만스러운 듯하기에 나는 물어 보았네.

"여러분들은 왜 보고만 계셨나요?"

"이 곳에서는 촌장이 일단 결정을 하면 우리로서는 어쩔 도리가 없지요."

하고 그들은 대답하는 것이었네.

그런데 한 가지 재미있는 일이 생겼다네. 촌장과 목사는 그 나무를 판 돈을 둘이서 반반씩 나누어 갖기로 합의를 보았다네. 목사는 평소에 늘 묽은 수프만 끓여 주는 그 부인에게 넌더리가 날 지경이었는데, 이번에는 그녀의 변덕스러운 심술 덕을 좀 볼까 했던 거지.

그런데 이 사실을 관리소가 알고, 나무값을 관리소에 바치라는 통고가 내려오게 된 걸세. 목사관의 대지 가운데 그 나무가 서 있던 땅은 옛날부터 관리소에 속해 있었기 때문이야. 결국 그 호두나무는 관리소에 의하여 경매에 부쳐지고 말았다네.

어쨌든 그 호두나무는 땅바닥에 쓰러져 있네. 아아, 내가 만일 영주라면 목사 부인이고 촌장이고 관리소고 간에 모조리……. 아니야! 내가 영주라면 영토 내의 나무 따위에 신경을 쓰고 있을 턱이 없지!

10월 10일

로테의 검은 눈을 보기만 해도 나는 행복해지네! 그런데 이 얼마나 슬픈 일인가. 알베르트 그 친구는——내가 기대했던 것과는 전혀——내가 만일——였더라면——였을 것인데……. 아무튼 그 친구는 내가 예상했던 것만큼 행복해 보이지가 않네.

이런 줄표가 좋아서 긋고 있는 것은 아니라네. 달리 표현할 길이 없어서일세. 그러나 이것으로도 충분히 알 수 있겠지?

10월 12일

오시안이 내 마음속에서 호메로스를 쫓아 버렸네. 이 위대한 시인은 진정 신비한 세계로 나를 몰아넣는다네! 나는 짙은 안개에 싸여 희뿌연 달빛 속에 조상들의 영혼을 꾀어내는 비바람에 시달리며 황야를 방황한다네. 저 산 너머에서, 골짜기의 요란스러운 시냇물 소리와 더불어 동굴 속 망령들의 신음 소리가 끊어질 듯 끊어질 듯 들려오네.

싸움터에서 용감하게 싸우다 쓰러져 간 애인의 무덤, 잡초로 덮이고 이끼가 낀 네 개의 묘석 언저리에서 숨이 끊어질 듯한 소녀의 통곡 소리도 들려오네.

이윽고 유랑하는 백발의 음유 시인이 나타나네. 광막한 황야에 조상들의 발자취를 찾아 헤매다가, 아아, 마침내 이 곳에서 그 묘석을 찾아낸 걸세. 그는 비탄에 잠긴 채 사납게 물결치는 바다 저 너머로 빠져들어가는 저녁별을 바라보네.

그의 가슴속에는 지나간 시대가 생생하게 되살아나네. 그 무렵에는 용사들의 위험한 앞길에는 축복의 빛이 따스하게 내리쬐고, 개선하고 돌아오는 그들의 꽃다발로 장식된 전함을 달빛이 환히 비추고, 그의 이마에는 깊은 고뇌가 아로새겨졌지.

최후에 혼자 남은 이 용사도, 지금은 기진맥진 무덤을 향해 비틀거리며 걸어가네. 그러나 가 버린 사람들의 방황하는 망령들을 눈앞에 대하자 벅찬 기쁨이 새로이 샘솟아 올랐네. 그는 흔들거리는 풀숲, 차가운 땅을 내려다보며 이렇게 외치네.

"아름다웠던 날의 나를 아는 나그네들은 찾아와 물으리라. '그 노래하던 핑갈의 훌륭한 아드님은 어디 있느냐?'고. 그의 발길은 내 무덤

위를 스쳐서 지나갈 것이다. 그는 이 땅 위에서 헛되이 나를 찾아 헤맬 것이다!"

아아, 벗이여! 나도 충성스러운 무사와 같이 칼을 빼들고, 서서히 숨이 끊어져 가는 생명의 고뇌에서 영주인 오시안을 단번에 해방시켜 주고 싶네. 그리하여 자유를 얻은 이 신과 같은 사람의 뒤를 쫓아가고 싶네!

10월 19일

아아, 이 공허! 내 가슴 가득히 느끼는 이 무서운 공허! 나는 자꾸만 생각한다네. 딱 한 번만이라도, 그래! 오직 한 번만이라도 좋으니 그녀를 이 가슴에 껴안을 수 있다면, 이 공허는 완전히 메워질 텐데……. 나는 때때로 그런 생각을 한다네.

10월 26일

그렇다네, 벗이여! 한 인간의 존재 같은 것은 보잘것없는 것, 정말 보잘것없는 것임을 나는 분명히 알았네. 로테네 집에 그녀의 여자친구가 한 사람 찾아왔네. 나는 그 옆방으로 책을 가지러 갔는데, 책읽기가 시들해져서 펜을 들고 긁적거리기 시작했네.

두 사람이 나직한 목소리로 이야기하는 것이 들렸네. 아무개가 결혼을 한다느니, 아무개는 병이 들었는데 심상치 않다느니 하는 따위의 자질구레한 사건에 대한 이야기들이었지.

"마른기침을 하고 볼이 홀쪽해졌는데, 때때로 까무러치기도 한대. 거의 가망이 없는 모양이야."

하고 로테의 친구가 말했네.

"N씨도 많이 아프다면서?"

하고 로테가 묻자 그 친구가 대답했네.

"온몸이 퉁퉁 부었대나 봐."

이런 이야기를 듣자 나의 상상력은 활발하게 움직이기 시작하여, 그 불행한 사람들의 병상이 머릿속에 그려졌네. 나는 생생하게 그들을 볼 수가 있었네. 그들은 삶을 등지기를 얼마나 싫어하고 있는지 모른다네. 그들은 얼마나…… . 빌헬름! 그러나 여자들은 아무렇지도 않게 이야기를 하고 있는 걸세. 마치 전혀 얼굴도 모르는 사람이 죽었을 때의 이야기를 하는 것 같은 그런 어조로 말일세. 나는 그 방을 둘러보았네. 로테의 의복, 알베르트의 서류, 그리고 가구류를 보았네. 그것들은 모두가 정든 물건들일세. 잉크병까지도…… . 나는 곧 생각에 잠겼지.

'이 집에서 도대체 너는 무엇이란 말이냐? 두 사람 다 너의 친구고, 너를 존경하고 있어. 그리고 때때로 너는 그들에게 기쁨을 주기도 한다. 그리고 너는 그들 없이는 살아갈 수 없을 것같이 생각하고 있다. 그러나 지금 네가 그들 곁에서 사라져 버린다면, 이 단란한 가정에서 네가 없어짐으로 해서, 그들은 자기네 운명에 생겨난 공허를 느낄 것인가? 느낀다면 대체 얼마 동안이나?'

아아, 인간은 그지없이 덧없는 것이라네. 인간은 자기의 존재를 확신하고 있다 하더라도, 또한 자기가 존재하는 것에 대해서 유일하고 진실한 인상을 끼친다 하더라도, 사랑하는 사람들의 추억이나 그 영혼 속에서조차도 인간은 흔적 없이 사라져 버리지 않으면 안 되는 것이라네. 그것도 눈 깜짝할 사이에!

10월 27일

인간의 관계가 이렇게 냉담해질 수 있다고 생각이 들 때면, 나는 그만 내 가슴을 찢고 머리통을 부수어 버리고 싶어지네. 아아, 사랑도 기쁨도 우정도 즐거움도, 이편에서 주지 않는 한 저편에서도 주려고 하지 않지. 그리고 자기의 가슴은 행복에 가득 차 있어도 남을 행복하게 할 수는 없네. 그는 냉담한 얼굴을 하고 힘없이 내 앞에 서 있을 뿐이지.

10월 27일 저녁

내가 지니고 있는 것은 많다네. 하지만 그녀를 사모하는 마음이 모든 것을 집어삼켜 버리네. 아무리 가진 것이 많더라도 그녀가 없으면 모든 것이 무로 돌아가 버리지.

10월 30일

나는 벌써 수백 번 그녀의 목을 와락 끌어안으려 했었네! 이토록 사랑스러운 존재가 눈앞에 어른거리고 있는데 손을 뻗쳐 잡아서는 안 된다니, 이 안타까운 심정은 하느님만이 아실 걸세. 그것은 인간의 가장 자연스러운 충동일세. 아이들은 자신이 갖고 싶은 게 눈에 띄면 얼른 붙잡으려 하지 않는가? 그런데 나는?

11월 3일

사실 나는 다시는 깨어나지 않게 되기를 바라면서, 아니, 때로는 그렇게 되리라 믿으면서 잠자리에 드는 경우가 많다네. 그러나 아침이 되면 나는 다시 눈을 뜨고, 태양을 보고 그리고 비참한 심경에 몸서리친다네. 아아, 차라리 모든 것을 날씨 탓으로 돌린다든가, 누군가 다른 사람, 또는 잘못된 계획 탓으로 돌릴 수 있다면, 이 견딜 수 없는 울분의 짐이 절반은 줄어들련만!

그러나 슬프게도 나는 너무나 똑똑히 알고 있네. 어쨌든 내 마음속에 모든 비극의 원인이 들어 있다는 것을. 일찍이 모든 행복의 원천이 내 마음속에 있었던 것처럼, 모든 불행의 근원 또한 내 마음속에 있다는 것을 나는 안다네.

일찍이 넘쳐흐르는 아름다운 감정의 물결 속을 떠돌아다니면서 한 걸음 앞으로 내디딜 때마다 천국이 열리고 하나의 복된 세계를 통째로 따뜻이 품던 나와 지금의 나는 같은 사람이 아니겠나? 그러나 이제 내 마음에서는 어떤 감동도 솟아나지를 않네. 어떠한 감동도 느낄 줄 모르며, 나를 위하는 눈물도 메말라 버렸어. 내 감각은 차가운 눈물로 기운을 되찾을 수도 없고, 불안으로 말미암아 이마에는 나날이 주름살이 늘어간다네.

나의 괴로움은 깊다네. 이것은 내 삶의 유일한 환희를 잃었기 때문일세. 내가 내 주위의 온갖 세계를 창조해 내었던 그 생명력을 잃었으니까. 창문 밖으로 멀리 언덕을 바라보면, 아침 햇살이 안개를 헤치며 솟아올라 초원을 비추고, 시냇물은 잎이 다 져 버린 버드나무 사이를 구불구불 조용히 흘러가네.

아! 그러나 이렇게 아름다운 자연도 내 눈에는 마치 니스를 칠한 한 장의 그림처럼 딱딱하게 굳어 있을 뿐이네. 어떠한 환희조차도 내 심장으로부터 한 방울의 행복감마저 빨아올려 내 머릿속에 부어 넣을 수도 없네.

말라 버린 샘처럼 사내 대장부가 하느님 앞에 우두커니 서 있을 따름일세. 이윽고 하늘이 황동처럼 머리 위에서 빛나고 대지가 말라 갈 때 농부들이 비를 청하듯이 나는 땅바닥에 엎드려 제게 눈물을 내려주십사 하고 하느님께 몇 번이나 빌었는지 모른다네.

그러나 아아, 나는 알고 있네. 우리들이 애타게 탄원한다고 해서 하느님이 비나 햇빛을 내려 주시지는 않으리라는 것을. 되돌아보면 괴롭기만 한 그 시절이 어째서 그토록 행복했던 것일까? 그것은 내가 참을성 있게 하느님이 내려 주시는 환희를 충심으로 감사하며 받아들였기 때문이지.

11월 8일

로테가 나의 무절제를 충고해 주었네. 아아, 그것도 지극히 다정스럽게! 포도주 한 잔에서 시작하여 한 병을 몽땅 비워 버리는 그런 나의 무절제를 말하는 거라네.

"그러면 안 돼요. 제 생각도 좀 해 주세요!"

하고 그녀는 말했네.

"당신을 생각하다니요?"

나는 그녀를 빤히 바라보며 되물었지.

"그런 말은 하실 필요 없어요. 나는 생각하고 있어요. 아니, 생각하고 있다뿐이겠어요? 당신은 내 머릿속에서 한시도 떠난 적이 없어요. 오늘도 나는 며칠 전에 당신이 마차에서 내렸던 바로 그 곳에 앉아 있었답니다."

로테는 재빨리 그렇게 대답하고는 얼른 다른 데로 화제를 돌려서, 내가 더 이상 그런 소리를 하지 못하게 해 버렸네. 벗이여! 이제 나는 내가 아닌 것이나 다름없네. 그녀는 이제 나를 마음대로 휘두를 수가 있다네.

11월 15일

고맙네, 빌헬름! 자네의 그 염려와 친절한 충고에 사의를 표하네. 그러나 제발 안심하게나. 나는 끝내 버티어 낼 테니까. 지치기는 했지만 아직 그만한 힘은 가지고 있다네. 나는 종교를 숭상하고 있네. 그건 자네도 알고 있지 않은가? 종교가 지쳐 있는 많은 사람들의 지팡이가 되어 주며, 병든 자들에게 소생의 힘이 되어 준다는 사실을 잘 알고 있네.

그러나 종교가 누구에게나 다 그런 작용을 할 수 있을까? 이 세상에는 설교를 듣건 안 듣건 종교의 그런 작용을 받지 않는 사람이 수두룩하다는 것을 자네도 눈으로 보고 있을 테지.

그렇다면 나에게 있어서는 종교가 어떤 역할을 하고 있을까? 하느님의 아들인 예수께서도 '내 아버지께서 보내 주지 아니하시면 누구든지 내게 올 수 없다.'고 하지 않았던가. 그런데 만일 내가 하느님이 보내 주신 그가 아니라면? 아버지이신 하느님께서 나를 자신의 곁에 매어 두시려 한다면? 부디 이 말을 오해하지는 말아 주게. 아무런 사심 없이 하고 있는 내 말에서 그 어떤 조소의 의미를 찾지는 말란 말일세. 그저 내 심경을 그대로 자네에게 내보였을 뿐이니까. 그렇지 않다면 차라리 나는 잠자코 있었을 걸세. 나 자신도, 또 남들도 알지 못하는 일이라면, 무슨 일이건 간에 나는 말을 낭비하고 싶지 않은 테니까.

자기에게 이것이 인간의 운명이 아니겠는가? 이 술잔은 인간의 모습으로 나타나신 하느님 아들의 입술에도 쓰디쓴 것이었는데, 내가 어찌 허세를 부리며 그것이 달콤한 체할 필요가 있겠는가?

내가 존재해야 하는가, 존재하지 않아야 하는가 하는 틈바구니에서 몸부림치며, 과거가 번개처럼 어두운 미래의 심연 위에서 번쩍이며, 나를 둘러싼 만물의 온갖 것이 멸망하고, 이 몸과 더불어 온 세계가 무너져 내리려는 그 무서운 순간에 내 어찌 부끄러워할 필요가 있겠는가!

그 부르짖음이야말로, 자기 자신만을 의지할 수밖에 없는 지경에까지 몰린 채 힘이 다하여 걷잡을 수 없이 전락해 가는 인간의 목소리가 아닌가? '나의 하느님, 나의 하느님, 어찌하여 나를 버리시나이까?'라고 한 그 부르짖음 말일세.

그런데 내가 그런 부르짖음을 부끄러워할 게 무언가. 또한 그와 같은 순간이 있다는 것을 두려워할 필요도 없겠지. 하늘을 한 필의 옷감처럼 두르르 말아서 거둘 수 있는 하느님의 아들조차도 피할 수 없었던 순간이니까.

11월 21일

로테는 그녀 스스로가 나와 그녀 자신을 파멸시키는 독약을 만들고 있다는 것을 전혀 깨닫지도 못하고 있다네. 나는 나를 파멸로 인도하기 위해 그녀가 내미는 독배를 단숨에 비운다네. 자주? 아니, 자주라고는 할 수 없지만 때때로 나를 쳐다보는 그녀의 정다운 눈동자와 내가 뜻하지 않게 드러내는 감정의 표시를 이해해 주는 따뜻한 그녀의 호의, 그리고 그녀의 얼굴에 떠오르는 나의 인내에 대한 애처로운 동정! 그것들은 도대체 무엇을 의미하는 걸까!

어제 내가 돌아오려 할 때, 그녀는 나에게 손을 내밀며 말했네.

"안녕히 가세요, 사랑하는 베르테르 씨!"

'사랑하는'을 붙여서 부른 것은 이것이 처음이었네. 그 한 마디 말이 내 뼈에 사무쳤어. 나는 그 말을 입 속으로 수백 번이나 되풀이했지.

밤에 잠자리에 들면서도 중얼중얼 혼잣말을 지껄이고 있던 중에 이런 말이 튀어나왔네.

"잘 자요, 사랑하는 베르테르 씨!"

그리고는 나도 모르게 웃고 말았지.

11월 22일

나는 '로테를 저에게 맡겨 주소서!' 하고 기도할 수는 없네. 그러나 가끔 그녀가 내 것인 듯한 생각이 든다네. '그녀를 제게 주소서!' 하고 기도할 수도 없네. 그녀는 이미 다른 남자의 것이니까.

나는 지금 너무나 괴로운 나머지 이런 궤변을 늘어놓고 있는 걸세. 이러다가는 명제와 대립명제의 끝없는 기도가 되풀이될 걸세.

11월 24일

그녀는 내가 얼마나 괴로워하고 있는지 알고 있네. 오늘따라 그녀의 눈빛은 내 마음속 밑바닥까지 스며들었다네. 찾아갔더니 그녀는 혼자 있더군. 나는 아무 말도 하지 않았지. 그녀는 물끄러미 나를 보았네.

여느 때와 같은 사랑스러운 아름다움과 뛰어난 내면의 밝은 빛은 보이지 않았네. 그런 것들은 모두 내 눈앞에서 자취를 감추고 있었네. 그런 것보다도 훨씬 더 빛나는 눈빛으로 내 심혼을 꿰뚫었다네.

어째서 나는 그 때 그녀의 발 아래 꿇어엎드리지 않았을까! 어째서 그녀의 목을 끌어안고 끝없는 키스로 그에 보답하지 않았을까! 로테는 몸을 피하여 피아노 앞으로 갔네. 그리고는 피아노를 치면서 나직하고 아름다운 목소리로 속삭이듯이 노래를 불렀네.

로테의 입술이 그 때처럼 매혹적으로 보였던 적도 없었네. 그녀의 입술은 악기에서 흘러나오는 감미로운 멜로디를 들이마시는 듯 열려 있었으며, 그 나직한 반향만을 내보내는 것 같았네. 그것을 그대로 자네에게 전해 줄 수 있으면 좋으련만!

나는 더 참을 수가 없어서 머리를 숙이고 맹세했네.

'하늘 위 정령이 어려 있는 성스러운 입술이여! 나는 그 입술에 결코 키스를 강요하지 않으리라.'

그러면서도 나는 결코 단념할 수가 없었네. 아아, 역시 이런 생각이 장벽처럼 내 영혼을 가로막고 있네.——사무치는 행복을 이 몸으로 맛보고, 그리고 나서 그 죄를 씻기 위하여 파멸해 버리고 싶다고. 그것이 죄일까?

11월 26일

때때로 나는 나 자신에게 말한다네.

'네 운명은 유례가 없을 만큼 비참하다. 아무리 불행하다고 말하는 사람도 너보다는 행복하다……. 이토록 괴로움을 당한 자는 일찍이 아무도 없었다.'

그리고 나서 옛 시인의 글을 읽노라면, 마치 내 마음속을 들여다보고 있는 듯한 느낌이 든다네. 나는 수많은 고난을 참고 견디어야 하네! 아아, 인간이란 내가 있기 이전에도 이토록 비참했을까?

11월 30일

나는, 나는 아무래도 평정을 되찾을 수가 없네. 어디를 가나 어처구니 없는 사건과만 맞닥뜨리게 되니 말일세. 오늘만 해도……. 아아, 운명이

여! 인간이여!

　한낮에 나는 개울을 따라 걸었네. 나는 요즘 입맛을 잃었네. 모든 것
이 처량하기만 하다네. 산마루에서 눅눅하고 차디찬 저녁 바람이 불어
오고, 잿빛 비구름이 골짜기로 흘러들고 있었지.

　멀리서 허름한 푸른 옷을 입은 사나이가 바위 사이를 기어다니는 것
이 보였네. 약초라도 찾고 있는 것 같았네. 내가 다가가자 그 사나이는
발소리를 듣고 뒤를 돌아보았다네.

　나는 그 사나이의 얼굴을 보고 흥미를 느끼게 되었다네. 조용한 슬픔
이 어리어 있는 얼굴로, 선량하고 정직한 인간미가 엿보였네. 검은 머리
는 두 가닥으로 말아서 핀으로 묶고, 나머지 머리는 굵게 땋아 등뒤로
드리우고 있었네.

　옷차림으로 미루어 보아 신분이 낮은 사람임을 곧 짐작할 수 있었네.

그가 하고 있는 일에 내가 관심을 보여도 언짢게 여기지 않을 것 같아서 무엇을 찾고 있느냐고 물어보았지.

"꽃을 찾고 있습니다. 그런데 한 송이도 보이지 않는군요."

그는 한숨을 내쉬면서 대답했네.

"꽃이 있을 철이 아니니까요."

나는 웃으면서 말했지.

"아니에요. 꽃은 얼마든지 있습니다."

하면서 그는 내가 서 있는 쪽으로 성큼 내려왔네.

"우리 집 뜰에는 장미와 인동덩굴 두 종류가 있답니다. 그 중 하나는 아버지가 주신 것인데, 잡초처럼 많이 나 있죠. 벌써 이틀째 그걸 찾고 있는데, 보이질 않는군요. 이 근처에도 언제나 꽃이 피어 있지요. 노란 꽃, 파란 꽃, 빨간 꽃들이 말입니다. 수레국화도 예쁜 꽃이지요. 그런데 오늘은 어쩐지 하나도 안 보이는군요."

나는 약간 꺼림칙한 기분이 들어 슬쩍 에둘러서 물어 보았다.

"꽃을 따서 뭘 하려고 그러죠?"

경련하는 듯한 야릇한 미소 때문에 그의 얼굴이 일그러졌네.

"이건 아무에게도 이야기하면 안 되는데, 선생님만 알고 계십시오. 애인한테 꽃다발을 선물하기로 약속했거든요."

하고 입에 손가락을 갖다 대는 것이었네.

"그거 근사하군요."

하고 내가 부채질을 하자 그는 이렇게 말했네.

"아아! 제 애인은 다른 물건들은 많이 갖고 있어요. 부자거든요."

"그래도 당신의 꽃다발을 선물로 받으면 매우 기뻐하겠지요."

"그녀는 보석을 갖고 있어요. 왕관도 갖고 있지요."

"그분의 이름은 뭡니까?"

"네덜란드 정부가 나에게 월급을 주었더라면……."

하고 그는 엉뚱한 말을 했네.

"이렇게 되진 않았을 겁니다. 그래요, 옛날에는 좋았지요. 저는 정말 행복했습니다. 하지만 이젠 틀렸어요."

하늘을 우러러보는 그의 눈에는 눈물이 고여 있었네.

"예전에는 행복했군요?"

하고 나는 물었지.

"아아! 다시 그런 날이 오면 좋겠어요. 그 무렵에는 행복했지요. 즐겁고 기뻤어요. 물 속을 헤엄쳐 다니는 물고기처럼!"

그 때 마침 한 노파가 우리 쪽으로 다가왔네.

"하인리히! 여기 있었구나. 사방으로 얼마나 찾아다녔는지 아니! 자, 어서 밥 먹어야지."

"아드님인가요?"

나는 노파에게 다가서며 물었네.

"네, 불쌍한 아이랍니다. 하느님께서 저 아이에게 무거운 십자가를 지우셨어요."

하고 노파는 대답했네.

"이렇게 된 지가 얼마나 됐습니까?"

하고 나는 물었지.

"이렇게 얌전해진 지는 반 년쯤 되었어요. 그 전에는 꼬박 1년 동안 어찌나 날뛰고 행패를 부렸는지, 정신병원에서 사슬에 묶여 있었지요. 지금은 행패는 부리지 않습니다. 다만, 언제나 임금님이 어떠니 황제가 어떠니 하는 소리만 한답니다. 원래는 온순하고 얌전한 아이였죠. 집안 살림도 도와주고 글씨도 잘 썼는데, 갑자기 뭔가 골똘히 생각에 잠기더니 고열이 나고, 그리고는 미쳐 버리고 말았어요. 그랬다가 지금은 보시는 것처럼 이 모양이랍니다. 그 이야기를 하자 며……"

나는 청산 유수처럼 쏟아지는 그녀의 말을 가로막고 물었네.

"그런데 아드님의 말을 들으면, 한때 매우 행복하고 즐거웠던 모양인데, 그것은 어느 때의 이야기인가요?"

"바보 같은 소릴 또 했군요!"

노파는 민망한 듯이 미소를 머금고 말했네.

"완전히 정신이 돌았던 때의 얘기를 하고 있는 거랍니다. 언제나 그걸 자랑삼아 얘기한답니다. 정신병원에서, 자기 자신을 전혀 알지 못하고 있었던 때의 이야기지요."

그 말은 벼락처럼 내 가슴을 때렸네. 나는 노파의 손에 지폐를 한 장 쥐어 주고 얼른 그 곳을 떠났네.

'내가 행복했던 때!'

하고 나는 입 속으로 중얼거리며 곧장 시내로 발걸음을 재촉했다네. '내가 물 속을 헤엄쳐 다니는 물고기처럼 행복했었던 때!'——하늘에 계신 주여! 인간은 지각이 나기 전이나, 그 지각이 난 뒤에는 일단 그 지각을 다시 잃어버린 후가 아니면, 행복할 수 없도록 당신은 숙명적으로 정해 놓으셨나요?

가엾은 사나이여! 그래도 나는 그대의 슬픔과 그대를 초췌하게 하는 정신착란이 부럽구나! 너는 희망에 부풀어 그대의 사랑하는 여왕을 위하여 꽃을 꺾으러 다니는구나. 이 추운 한겨울에 꽃을 따려 하다가 꽃이 보이지 않는다고 한탄을 하는구나. 왜 꽃이 보이지 않는지조차 모르고 있으면서.

그런데 나는 희망도 목적도 없이 나갔다가, 집을 나섰을 때와 똑같은 기분으로 되돌아갈 뿐……. 그러나 너는 네덜란드 정부에서 월급만 주었더라면 훌륭한 사람이 될 수 있었다고 믿고 있다.

행복한 사나이여! 행복해질 수 없는 까닭을 세상이 훼방을 한 탓으로 돌릴 수 있다니. 너는 느끼지 못하고 있는 것이다. 네가 비참하게 된 원인이 산산이 파괴된 그대의 마음속에 있으며, 그대를 미치게 한 머릿속에 있음을. 그리고 지상의 어떤 권력으로도 그대를 거기서 구해 낼 수 없음을.

병든 사람이 약수를 찾아 먼 곳으로 길을 떠났다가 그 때문에 도리어 병이 악화되어 고통을 당하는 사람을 비웃을 수 있는 인간, 양심의 가책을 면하고 영혼의 고뇌를 없애기 위해 고난을 겪으며, 그리스도의 무덤을 찾아 순례의 길을 떠나는 사람을 멸시할 수 있는 그런 인간은 비참하게 죽어도 마땅하네.

길도 없는 길을 걸어가느라고 발바닥은 온통 상처투성이가 되더라도, 그 한 발짝 한 발짝이 괴로워하는 영혼에게 있어서는 한 방울의 진통제가 되는 걸세. 고달픈 여행의 하루하루를 참고 견디어 낼 때마다 가슴속의 무거운 짐은 그만큼 가벼워지고, 마음은 그만큼 평온해지는 걸세.

그것을 어찌 망상이라 부를 수 있겠는가, 푹신한 소파에 앉아서 공허한 이론을 논하는 자들이여! 망상! 하느님! 저의 눈물을 보소서! 당신은 인간을 이렇게 가난하게 만드시고도 모자라, 이 보잘것없는 인간이 당신에게 품고 있는 쥐꼬리만한 믿음마저 빼앗아 가 버리는 형제들까지 덤으로 보내 주셔야 했습니까!

만물을 사랑하시는 주여! 병을 고치는 초근목피나 포도송이에의 믿음은, 우리를 둘러싸고 있는 만물 속에 우리가 언제나 필요로 하는 힘, 즉 병을 낫게 하는 힘을 당신이 숨겨 두신 데 대한 믿음이 아니고 무엇이겠습니까?

정체를 알 수 없는 하느님 아버지시여! 전에는 제 영혼을 구석구석까지 기쁨으로 충만케 해 주셨으나, 지금은 저를 외면해 버리시는 아버지시여! 하느님 아버지시여! 부디 저를 당신 곁으로 불러 주소서. 이 이상 더 침묵하지 마소서! 당신의 침묵은 메마른 이 영혼에게는 견딜 수 없는 것입니다.

뜻밖에 자기 아들이 돌아와 그 아버지의 목에 매달렸을 때 화를 낼 수 있는 아버지가 있을까요? 그 아들은 외칩니다.

"아버지, 제가 돌아왔습니다. 노여워하지 말아 주십시오. 아버지의 뜻에 따라 좀더 오래 참고 견디어야 했을 터이지만, 저는 중도에서 그만두고 이렇게 되돌아왔습니다. 세상은 어디를 가나 마찬가지더군요. 피로와 노동 뒤에 비로소 보수와 기쁨을 얻을 수 있습니다. 그러나 그것이 저에게 무슨 의미가 있겠습니까? 아버지가 계시는 곳만이 저를 행복하게 합니다. 아버지가 보시는 곳에서 괴로움도 즐거움도 맛보고 싶습니다."

하늘에 계신 사랑하는 아버지시여! 하늘에서 굽어살피시는 아버지시여! 당신께서는 이 아들을 쫓아 버릴 수 있겠습니까!

12월 1일

빌헬름이여! 내가 지난번 편지에 써 보낸 그 행복하고도 불행한 사나이는 로테의 아버지 밑에서 일하던 서기였다네. 로테를 사모하며 그것을 남몰래 가슴속에 간직하고 있다가, 마침내 그것을 고백한 끝에 해고 당했다는 걸세. 그 사나이의 열정이 결국 미치게 만든 거지. 이 이야기를 듣고 나는 얼마나 큰 충격을 받았는지 모른다네. 다만 이 무미건조한 글에서나마 내 심정을 짐작해 주기 바라네. 알베르트는 태연스럽게 이 이야기를 나에게 들려주었네.

아마 자네도 역시 태연스럽게 이 편지를 읽어 나가겠지.

12월 4일

부디 이 심정을 헤아려 주게. 나는 더 이상 견딜 수가 없네! 오늘 나는 그녀 곁에 앉아 있었네. 그녀는 피아노를 치고 있었지. 다채로운 멜로디에는 온갖 정열이 넘쳐흘렀어. 자네는 어떻게 생각하는가? 그녀의 어린 여동생이 내 무릎 위에 앉아서 인형에게 옷을 입히고 있었네. 나는 눈물이 날 것만 같았네. 고개를 숙였더니 로테의 결혼반지가 눈에 띄더군. 눈물이 왈칵 솟았네.

그 때 그녀는 꿈결같은 그리운 옛 멜로디를 치기 시작했네. 그러자 전혀 생각지 않았던 위안의 정감과 지나간 날들의 추억이 내 마음속에서 소용돌이쳤네. 이 곡을 듣던 때의 일이며, 로테 곁을 떠나 있었던 음울했던 날들, 울화가 치밀었던 일, 차례차례 무너져 버린 희망에 대한 추억에 사로잡혀 나는 방 안을 이리저리 걸어다녔네. 복받쳐 오르는 감회에 숨이 막힐 것만 같았지.

"제발 그 피아노 좀 그만둬 줘요."

하고 나는 격렬한 감정을 못 이겨 로테 곁으로 내달으며 말했지. 로테는 손을 멈추고 나를 빤히 쳐다보았네.

"베르테르 씨!"

하고 그녀는 미소지으면서 말했네. 그 미소는 내 마음속에 고스란히 스며들었네.

"베르테르 씨! 몸이 편찮으신 것 같아요. 평소에 그렇게 좋아하시던 곡도 마음에 안 들어하시니…… 이제 그만 돌아가시는 게 좋겠어요. 부탁이에요. 그리고 제발 마음을 진정시키세요."

나는 재빨리 그녀 곁을 떠났네. 하느님! 당신께서는 저의 이런 비참한 모습을 보고 계시겠죠. 어서 이 불행이 끝나게 해 주십시오.

12월 6일

어디를 가나 그녀의 모습이 나를 따라다니네! 눈을 떴을 때나 꿈을 꾸고 있을 때나 그 모습이 내 마음속을 차지하고 있네! 눈을 감으면 마음의 눈길이 쏠리는 머릿속에 그녀의 검은 눈동자가 나타나네. 바로 여기에! 나는 적당한 표현을 할 수가 없군. 어쨌든 눈을 감으면 나타나는 걸세. 바다와도 같이, 깊은 호수와도 같이 그것은 내 눈앞에, 아니, 내속에 조용히 자리잡고 내 생각을 충만케 해 준다네.

반신이라 찬양되는 인간의 꼴을 좀 보게나! 가장 힘을 필요로 하는 바로 그 때에 힘이 빠져 버리니 말일세. 기쁨에 겨워 하늘에 날아오를 듯이 날뛸 때도, 슬픔의 구렁텅이에 빠져 땅에 주저앉을 때도, 한결같이 절대자의 품속으로 녹아 들어가 버리고 싶어지는 그 순간에, 언제나 덜미를 잡혀 무겁고 차가운 의식 속으로 다시 끌려들어가지 않는가!

엮은이가 독자에게

우리들의 친구 베르테르가 세상을 떠나기 전 며칠 동안에 겪은 특기할 만한 일에 대하여 편지만으로 끝나지 않기를, 베르테르의 친필 자료가 많이 남아 있기를 나는 얼마나 바랐는지 모릅니다. 엮은이의 서술에 의해 그 자신의 편지가 중단되는 것을 되도록 피하고 싶었기 때문입니다.

나는 그에 대하여 잘 알 만한 사람들을 통하여 상세한 이야기를 수집해 보려고 애썼습니다. 신상에 관한 것이라야 사실 간단하여, 그에 대한 이야기 중 몇 가지 사소한 점을 빼고는 모두 이구동성으로 일치되는 것이었습니다. 다만, 그와 밀접한 관계가 있던 사람들의 사고방식에 대해서는 의견과 판단이 구구했습니다.

이에 우리가 엮은이의 입장에서 해야 할 일은, 되도록 얻어들은 이야기를 그대로 전하고, 중간에 군데군데 본인이 남기고 간 편지를 삽입하여 비록 몇 줄 안 되는 사소한 종이쪽이라 할지라도 발견된 것은 소홀히 하지 않는 일입니다. 대수롭지 않은 행위라 할지라도 그것이 비범한 사람들 사이에서 행해진 경우에는, 그 진정한 동기를 찾아내기가 더욱 어렵기 때문입니다.

베르테르의 가슴속에는 쌓이고 쌓인 욕구불만과 이에 따르는 불쾌감이 점점 깊이 뿌리를 박고 서로 얽히고설켜서, 나중에는 그를 점차 병들게 하고 말았던 것입니다. 그의 정신 상태는 균형을 잃어버리고, 마음속의 열광적인 격정은 그의 이성을 혼란에 빠뜨려, 더할 바 없는 불길한 결과를 초래했던 것입니다. 그리고 마침내 그에게는 허탈감만이 남겨지게 되었던 것입니다.

그는 지금까지 온갖 고난과 싸워 왔습니다. 그리하여 그 허탈감에 대해서도 애써 벗어나려고 했지만, 가슴 깊이 도사린 불안으로 말미암아 그의 정신력, 즉 쾌활한 성격이며 예리한 감수성까지도 좀먹어 들어갔던 것입니다.

그리하여 남들과 어울려도 곧 쓸쓸한 표정을 짓게 되고, 따라서 불행을 자초하는 결과가 되었습니다. 이렇게 불행하게 됨에 따라 그는 점점 성격적인 불구자가 되어 갔다는 것입니다. 이것이 알베르트의 친구들의 한결같은 이야기였습니다.

그들 말에 의하면, 베르테르는 오랫동안 갈망해 오던 행복을 손에 넣은 고결하고 온건한 알베르트의 인격과 그 행복을 계속 유지해 나가려는 태도를 정당하게 평가하지 못했다는 것입니다.

이를테면 베르테르는 자기의 전 재산을 탕진하고 저녁때만 되면 궁색해하는 사나이였다는 것입니다. 한편 알베르트로 말하면, 단시일 내에

좀처럼 성격이 변하는 사람이 아니며, 언제나 베르테르가 존경하여 마지않던 그런 꿋꿋한 성격의 소유자였습니다.

그는 누구보다도 로테를 가장 사랑하고 그녀를 자랑스럽게 여겨 누구에게나 로테가 훌륭한 여자라는 것을 인정받으려고 했습니다. 이런 점에 비추어 볼 때, 그가 조금이라도 아내에게 의아한 눈치가 보이면 곧 해명하려고 했다고 해서, 또 경우에 따라선 단순하게 행동하면서도 그 소중한 보물을 아무하고도 나눠 갖기를 꺼렸다고 해서, 조금도 그를 탓할 수는 없다는 것입니다.

혹시 베르테르가 아내 로테를 찾아오면, 그는 곧 아내의 방에서 나오고는 했지만, 그것은 어디까지나 자기 친구로서의 베르테르가 싫다거나 그에 대한 증오감에서가 아니라, 자기가 곁에 있으면 베르테르가 어색해할까 봐 그랬다는 것입니다.

로테의 아버지는 늘 병석에 누워 있었습니다. 어느 날, 그는 마차를 보내어 로테를 불러들였고, 로테는 그 마차를 타고 떠났습니다. 그것은 첫눈이 하얗게 내린 아름다운 겨울날이었습니다.

베르테르는 이튿날 아침에 로테를 뒤쫓아갔습니다. 혹시나 알베르트가 그녀를 데리러 올 상황이 되지 않으면, 자기가 집까지 데려다 줄 생각에서였습니다.

활짝 갠 날씨도 그의 우울한 마음을 어찌할 도리가 없었습니다. 그는 일종의 압박감에 억눌려 있었으며, 슬픈 환영이 그에게서 떠나지 않았습니다. 그의 가슴은 오직 비통한 상념을 위해 고동치고 있을 따름이었습니다.

그는 언제나 불만 속에서 지내왔기 때문에 남들도 언제나 위태로운 상태에 놓여 있는 것으로 생각했습니다. 그리하여 알베르트와 로테의 원만한 부부 사이를 자기가 망쳐 놓았다는 생각에서 자기 자신을 탓해 왔던 것입니다. 한편, 이러한 자책 속에는 알베르트에 대한 은근한 불만도 내포되어 있었던 것입니다.

그는 길을 걸어가면서도 이에 대한 생각을 잊지 않았습니다.

"그래, 그렇고말고."

하고 그는 이를 갈며 입 속으로 중얼거렸습니다.

"그럼 그렇지. 누가 그들을 정답고 친밀하고 애정이 깃든 사이라고 할 수 있을까? 천만에! 틀림없이 싫증이 난 거야! 그리하여 냉담해진 거야! 알베르트는 소중한 아내보다 보잘것없는 일에 더 정신을 팔고 있지 않은가? 그는 자기가 얼마나 엄청난 행복을 누리고 있는지 알고 있기나 한 건가? 과연 로테에게 그에 합당한 존경을 바치고 있는 걸까? 그는 로테를 소유하고 있다. 암, 소유하고 있고말고. 나는 그걸 잘 알고 있다. 그것은 벌써 알고도 남는 사실이다. 그럼에도 불구하고 그런 생각을 하면 나는 미칠 것만 같다. 그런데 알베르트는 왜 나와의 우정을 그대로 유지하고 있는 걸까? 내가 로테를 좋아한다고 해서 자기의 권리가 침해되고 있다고는 생각지 않을까? 로테에 대한 나의 애착을 동시에 자기에 대한 무언의 공격이라고 생각하고 있지나 않을까? 나는 잘 알고 있다. 나는 그것을 분명히 느끼고 있다. 그는 나와 만나기를 꺼린다. 나라는 존재가 눈에 거슬리는 것이다……."

그는 몇 번이나 빨라지는 걸음을 멈추는가 하면, 때로는 오던 길을 되돌아가려고도 했습니다. 그러나 역시 발길을 앞으로 내딛고는 깊은 생각에 잠기기도 하고 혼잣말을 중얼거리기도 하면서, 결국 자기의 생각과는 달리 사냥 별장으로 가고 말았습니다.

집 안에 들어선 그는 노인과 로테의 안부를 물었습니다. 그는 집 안 공기가 좀 어수선하다고 느꼈습니다. 큰아들의 말에 의하면, 발하임에서 농부 한 사람이 살해당한 불상사가 일어났다는 것입니다.

이 소식은 베르테르에게 그리 큰 자극을 주지는 않았습니다. 그가 방문을 열고 들어서자 로테는 열심히 노인을 달래고 있었습니다. 병환을 무릅쓰고 범행을 조사하기 위해 현장에 가 보려고 했기 때문입니다.

범인은 아직 밝혀지지 않았습니다. 피해자는 이른 아침 현관문 앞에서 발견되었습니다. 여러 억측들이 난무했지만, 피살자는 어느 과부의 집 하인이라는 신분이 밝혀졌습니다. 그리고 그 집에서 전에 부리던 머슴은 쫓겨나 불만을 품고 있다는 소문이 자자했습니다. 시큰둥해 있던 베르테르는 이 이야기를 듣자 그 자리에서 펄쩍 뛰면서 큰 소리로 외쳤습니다.

"정말입니까? 곧 가 봐야겠군요. 한시도 지체할 수 없는 일입니다."

그는 발하임을 향해 곧 발길을 서둘렀습니다. 도중에 그는 옛 추억이 하나하나 되살아났습니다. 그는 자기가 전에 자주 환담을 나누던 그 하인이 일을 저질렀다고 단정했던 것입니다.

시체가 놓여 있는 주막으로 가려면, 예의 보리수 사이를 지나야 하는데, 전에 그렇게 좋아했던 그 일대가 어쩐지 무시무시하기만 했습니다.

그 문지방은 피에 물들어 있었습니다. 예전에 그 곳은 이웃에 사는 아이들이 몰려와 떠들며 놀기도 했던 것입니다. 인간의 가장 아름다운 감정이라고 할 수 있는 사랑과 성실이 폭력과 살인으로 돌변한 것입니다. 커다란 보리수는 잎이 다 떨어지고 서리가 내려 있었습니다. 묘지의 야트막한 담을 에워싸고 무성한 울타리를 이루었던 아름다운 생나무가 벌거숭이가 되었고, 앙상한 나뭇가지 사이로 눈에 덮인 비석이 내다보였습니다.

주막 앞에는 마을 사람들이 모여 서서 웅성거리고 있다가 베르테르가 가까이 다가가자, 별안간 큰 소리를 질렀습니다. 멀리 무장한 경찰관의 무리가 보였던 것입니다. 범인이 잡힌 것을 보고 모두들 야단법석이었습니다.

베르테르는 그리로 머리를 돌렸습니다. 역시 그의 예측이 들어맞았습니다. 범인은 바로 그 과부를 끔찍이 사랑하던 예전의 하인이었던 것입니다. 베르테르는 며칠 전만 해도 쌓이고 쌓인 분노와 절망에 싸여, 여기저기 헤매는 그를 만난 일이 있었습니다.

"이 사람아, 어떻게 그런 끔찍한 일을 저질렀나?"

하고 베르테르는 소리치면서 그 사나이에게 다가갔습니다. 사나이는 베르테르를 보고 잠자코 있다가 침착한 말투로 이렇게 말했습니다.

"아무도 그 여자를 차지하지는 못할 겁니다. 아무도 그녀를 손에 넣지는 못합니다."

사나이가 주막 안으로 끌려 들어가자, 베르테르는 곧 그 곳을 떠났습니다. 그는 충격으로 정신을 잃을 정도여서, 한동안이나마 자신의 슬픔과 욕구불만과 자포자기에서 헤어날 수 있었습니다.

그리고는 그 사나이를 구해 내려는 의협심이 복받쳐 올랐습니다. 그는 사나이를 가엾게 여겼을 뿐만 아니라, 범인임에는 틀림없지만 조금도 죄가 없다고 생각했습니다. 그리고 입장을 바꿔서 자기의 처지를 돌아보았습니다.

그리하여 그 사나이의 범행에 대한 자기의 견해를 다른 사람들에게도 납득시키려는 마음에서, 이미 범인을 변호하는 열렬한 변론이 입 속에서 맴돌고 있었습니다. 그는 사냥 별장을 향해 발길을 서두르는 도중에도, 법무관에게 할 이야기를 처음부터 끝까지 입 속으로 되뇌고 있었습니다.

방에 들어서니 알베르트가 와 있었습니다. 그를 보자 베르테르는 불쾌해졌지만, 마음을 진정시키고 법무관에게 범인을 옹호하는 열변을 한바탕 토했습니다. 그러나 베르테르의 이야기를 한참 듣고 있던 법무관은 머리를 저었습니다. 베르테르가 아무리 그 사나이를 옹호하는 데 필요한 모든 어휘를 총동원하여 자기의 뜻을 피력하더라도 결코 법무관을 쉽사리 설득시킬 수는 없었습니다.

도리어 법무관은 베르테르에게 말할 기회도 제대로 주지 않고 반박하기 시작했습니다. 그렇게 살인자를 옹호하다니 될 말이냐고 베르테르를 나무라기까지 했습니다. 베르테르의 말대로 한다면 모든 법률은 무효가 되고 말 것이며, 국가의 질서는 완전히 파괴되어 버린다고 강조했습니다. 그리고 이런 사건을 처리함에 있어서 자기는 책임자로서 모든 일이 질서정연하게 되어 나가도록 힘써야 한다는 것이었습니다.

그러나 베르테르는 법무관의 고집에도 불구하고, 혹시 그 사나이가 도망치도록 협조하는 사람이 있더라도 너그럽게 보아 달라고 법무관에게 거듭 간청했습니다. 그러나 법무관은 이것마저도 거절했습니다. 드디어 알베르트도 법무관의 편을 들기 시작했습니다. 이리하여 베르테르는 결국 지고 말았습니다.

법무관은 한 마디로 딱 잘라 말했습니다.

"안 될 말이야. 그런 사나이를 살려 둘 수는 없어!"

그러자 베르테르는 무서운 고뇌의 표정을 짓고 그 곳을 떠났습니다. 법무관의 이 말은 그에게 얼마나 큰 충격을 주었는지 모릅니다. 그것은 그의 서류 가운데 들어 있는 다음과 같은 쪽지를 보고도 능히 짐작할 수 있었습니다. 이 쪽지는 분명히 그 날 쓴 것으로 보입니다.

　'불쌍한 사나이여! 너는 끝내 구원받을 수가 없다. 나는 잘 알고 있다. 우리는 똑같이 구원받지 못한다는 것을……'

알베르트가 나중에 법무관 앞에서 범인에 대하여 한 말은 베르테르를 몹시 불쾌하게 만들었습니다. 그 말 가운데는 베르테르에 대한 반감도 은근히 비치고 있었던 것입니다. 하기는 곰곰이 생각해 보면 법무관과 알베르트의 말이 정당할지도 모른다는 생각이 들기도 했습니다. 그러나 자기가 그들의 견해를 인정한다면, 자기의 인격 자체를 송두리째 부정해야만 할 것 같았습니다.

이에 관련된 쪽지도 그의 서류 속에서 발견되었는데, 그것은 그와 알베르트의 관계를 몇 마디로 간단히 말해 주고 있습니다.

'그는 훌륭하고 선량한 사람이다. 그러나 이런 말을 새삼 되풀이하여 몇백 번 타이른들 무슨 소용이 있으랴! 다만 내 오장육부를 쥐어뜯게 할 따름이다. 나는 결코 공정한 입장에 설 수 없다.'

눈이 녹기 시작한 어느 포근한 겨울날 저녁, 로테는 남편과 함께 걸어서 집으로 돌아왔습니다. 도중에 그녀는 가끔 뒤를 돌아보았습니다. 아마 베르테르가 동행이 되어 주지 않아서 못내 서운했던 모양입니다. 남편은 베르테르의 이야기를 하기 시작했습니다. 그는 공정한 입장에서 베르테르를 비난했습니다. 베르테르의 불행한 정열에 대하여 언급하면서 되도록 그와 멀리 하고 싶다고도 말했습니다.

"나는 우리들을 위해서도 그렇게 되기를 바라오."
하고 입을 연 그는 다음과 같이 말을 이었습니다.

"제발 부탁이오, 로테. 당신에 대한 그의 관심을 다른 방향으로 돌려서, 그가 너무 자주 찾아오지 않도록 해 주구려. 남들 눈도 있지 않소? 벌써 여기저기에 소문이 파다하오."

로테는 잠자코 듣고만 있었습니다. 이런 아내의 침묵이 알베르트에게는 못마땅했던지, 그 뒤로는 아내에게 베르테르의 이야기를 꺼내지 않

앉습니다. 그리고 가끔 아내가 베르테르의 이야기를 할라치면 애써 침묵하거나, 슬그머니 화제를 다른 데로 돌려 버렸습니다.

베르테르가 그 불쌍한 사나이를 살리려고 애쓰던 헛된 노력은 마치 꺼져 가는 등불의 마지막 불꽃 같았습니다. 그는 날로 고뇌와 절망 속에 빠져 들어갈 따름이었습니다. 게다가 경우에 따라서는 범행을 완강히 부인하고 있는 범인의 증인으로 소환될지도 모른다는 말을 듣고서는 거의 실신할 뻔했습니다.

오늘까지 베르테르가 외부에서 활동하면서 그가 겪은 불쾌한 일들, 즉 공사와의 불화에서 싹튼 불쾌한 감정, 그가 저지른 모든 잘못, 비위가 상하던 여러 가지 모욕 등등이 그의 마음속에서 오락가락했습니다.

이 모든 골칫거리 때문에 일이 손에 잡히지 않는 것도 당연하다고 그는 생각했습니다. 아닌 게 아니라, 그는 세속적인 일에 손을 대려고 하여도 좀처럼 실마리를 잡을 수 없었던 것입니다. 앞으로의 전망이 전혀 트이지 않았기 때문입니다.

이리하여 그는 마침내 자기의 변덕스러운 감정이나 사고방식, 그리고 끝없는 정열에 완전히 자신을 내맡겼던 것입니다. 그리고 사랑하는 여자와의 슬픈 교제를 언제까지나 계속하면서, 급기야는 그녀의 안정된 생활마저 교란시켜 버리고 말았습니다. 그리고는 희망도 목적도 없는 일에 무리하게 정력을 다 바치고는 날로 비참한 종말을 향해 치달았던 것입니다.

그의 정신적 혼란과 정열, 그의 그칠 줄 모르는 몸부림과 끈덕진 노력, 그의 삶에 대한 권태, 이 모든 것에 대해서는 그가 남긴 몇 통의 편지야말로 그의 가장 유력한 대변자가 될 것입니다.

12월 12일

사랑하는 빌헬름! 나는 지금 악령이 씌었다고 생각하는 그 불행한 사람들과 같은 상태에 있다네. 때때로 무엇인가가 나를 엄습해 오는 걸세. 그것은 불안도 아니고, 욕망도 아닐세. 영문 모를 그 무엇이 내 마음속에서 난동을 부린다네. 그것이 내 가슴을 쥐어뜯으려 하고, 내 목을 조르는 거야. 아아, 불행하도다! 나는 견딜 수가 없어서, 인간에게 적의를 품고 있는 이 계절의 황량한 밤 풍경 속을 정처없이 떠돌고 있네!

어젯밤에도 나는 밖으로 나가지 않고는 배길 수가 없었네. 갑자기 눈이 녹아내려 강물이 범람했다는 소리를 들었거든. 강마다 물이 넘치고, 발하임의 아래쪽 그 그리운 골짜기가 물에 잠겼다는 거야. 그 골짜기를 나는 정말 좋아했는데……

밤 11시가 지나서 나는 집을 뛰쳐나왔네. 무시무시한 광경이었지. 바위 위에 서서 내려다보니, 사나운 탁류가 달빛 속에서 소용돌이치고 있었네. 밭도 목장도 산울타리도, 모두가 그 모습을 감추고, 넓은 골짜기는 온통 바람이 휘몰아치는 거친 바다로 변해 있었네!

이윽고 검은 구름 속에 숨었던 달이 다시 얼굴을 내밀자, 그 물바다는 섬뜩하리만큼 아름답게 빛을 반사하면서 저 먼 곳을 향해 요란하게 굽이치며 흘러가는 것이었네. 전율과 그리움이 나를 엄습했네.

아아, 나는 두 팔을 벌리고 심연을 향해 선 채 깊이깊이 숨을 들이쉬었네. 그리고 이 괴로움, 이 번뇌를 사나운 파도처럼 휩쓸어가 버리는 환희에 싸여 나는 넋을 잃었네.

아아, 그러나 나는 땅에서 발을 뗌으로써 모든 고통을 종식시켜 버릴 수는 없었네. 내 운명의 모래시계는 아직도 모래가 다 흘러내리지 않았던 걸세. 나는 그것을 절실히 느꼈네. 아아, 빌헬름! 저 질풍으로 구름장을 갈가리 찢어 대홍수를 일으킬 수만 있다면, 나는 나의 인간적 존재를 기꺼이 내던질 텐데. 아! 이런 큰 환희는 얽매인 몸에는 주어지지 않는 것일까?

나는 어느 무더운 날 로테와 함께 산책을 나갔다가 쉬었던 그 그리운 버드나무 아래를 슬픈 마음으로 내려다보았네. 역시 그 곳도 물에 잠겨 있었네. 버드나무도 거의 알아볼 수가 없었네.

빌헬름, 로테네 목장과 사냥 별장은 어떻게 되었을까? 우리의 정자는 격류에 볼품 없이 허물어져 버렸겠지! 마치 감옥에 갇힌 죄수의 마음속에 숨어 들어오는 자기 집의 가축 떼와 목장, 영광스러운 직위에 대한 꿈들처럼, 지나간 날들의 햇살이 내 마음속에 비쳐들었네. 나는 그대로 오래 서 있었다네!

나는 이제 나 자신을 책망하지 않네, 죽을 용기가 있으니까. 나는 차라리……. 그러나 지금 나는 여기에 한 노파처럼 앉아 있네. 죽음을 향하여 다가가고 있는, 기쁨도 없는 생명을 한순간이라도 더 연장하고 유지하기 위하여 남의 집 울타리에서 땔나무를 주우며, 이집 저집의 문간에서 빵을 구걸하는 노파처럼.

12월 14일

이게 도대체 어떻게 된 일일까? 벗이여! 나는 나 자신에 대하여 놀라고 있네. 로테에 대한 나의 사랑은 더없이 성스럽고 청순한, 형제와 같은 사랑이 아니었던가? 일찍이 단 한 번이라도 내 가슴에 죄가 될 만한 소망을 품은 적이 있었던가? 그런데 꿈이란 것은! 아아, 이토록 상반되는 작용을 어떤 불가사의함으로 돌리는 것은 얼마나 옳은가!

어젯밤! 그 이야기를 하려고만 해도 몸이 떨리네. 나는 그녀를 내 가슴에 꼭 껴안고, 사랑을 속삭이는 그녀의 입술에 끝없는 키스를 퍼부었다네. 나의 눈은 그녀의 황홀해진 눈 속에 어리어 있었네. 주여! 저는 벌을 받아야 할까요? 지금도 그 불길 같은 기쁨을 설레는 마음으로 되살리면서, 형언할 수 없는 행복을 느끼고 있으니 말입니다.

로테여! 나는 이제 막바지에 이르렀소. 감각은 혼란에 빠지고 벌써 일주일 전부터 나는 사고의 능력을 잃고 있소. 눈에는 눈물이 흥건히 괴어 있고 어디를 가나 기분이 언짢기만 하오. 그런가 하면 어디를 가든지 기분이 좋기도 하오. 나는 아무것도 기대하지 않으며, 또 아무것도 요구하지 않소. 이제 나는 떠나는 것이 좋을 듯하오.

이 세상과 결별하려는 베르테르의 결심은 이런 상황 속에서 점점 더 굳어져 갔습니다. 로테의 곁으로 돌아온 이후로 그것은 언제나 그의 최후의 기대였으며 희망이었습니다. 그러나 그는 스스로를 타이르고 있었습니다. '그 행위가 조급하고 경솔한 것이 되어서는 안 된다.', '최선의 확신으로써 가능한 한 침착한 결의와 더불어 결행해야만 한다.'고 말입니다.

그의 회의 및 자기 자신과의 갈등을 엿볼 수 있는 쪽지가 있습니다. 빌헬름 앞으로 쓴 편지의 서두인 듯한데, 날짜는 없고, 역시 다른 글들과 함께 발견된 것입니다.

"그녀가 살아 있다는 사실, 그녀의 운명, 내 운명에 대한 그녀의 동정은 재가 되어 버린 내 머릿속에서 아직도 최후의 눈물을 자아내고 있네. 막을 올리고 그 안으로 들어간다! 단지 그뿐 아닌가! 그런데 어찌하여 나는 주저하고 망설이는 것일까? 그 안이 어떤 곳인지 모르기 때문일까? 한번 들어가면 다시는 돌아오는 자가 없기 때문일까? 확실한 것을 알지 못하면 혼란과 암흑을 예상하지. 그것이 우리네 인간 정신의 특성인가 보네!"

마침내 베르테르는 이 슬픈 생각에 점점 더 깊이 잠겨들었고, 그 결의는 이제 돌이킬 수 없는 것이 되었습니다. 이에 대해서는 빌헬름 앞으로 보낸, 애매한 내용이 담긴 편지가 그 증거가 될 것입니다.

12월 20일

빌헬름! 그 말을 그렇게 해석해 준 자네의 우정에 감사하네. 물론 자네 말은 옳네. 나는 떠나는 편이 나을 걸세. 그러나 자네들 곁으로 돌아오라는 제안에는 따를 수가 없네. 나는 역시 먼 곳으로 떠나고 싶네. 추위가 계속되고 길이 좋아진 것 같기 때문이야.

자네가 나를 데리러 와 주겠다는 말, 정말 고맙네. 그러나 앞으로 2주일 정도 더 기다려 주게나. 나중에 편지로 자세한 것을 알려 주겠네. 무엇이나 무르익기 전에는 따지 말아야 하는 법이거든. 2주일 동안 더 익고 덜 익는 것의 차이는 대단한 것일세.

우리 어머니께는 말씀 좀 전해 주게. 아들을 위해 기도해 달라고, 그리고 여러 가지로 쓰라린 일을 겪게 해 드린 것을 부디 용서해 달라고. 기쁘게 해 줘야 할 사람들을 슬프게 하는 것이 나의 운명이었네. 잘 있게! 사랑하는 나의 벗이여! 하늘의 모든 축복이 자네에게 내리기를! 잘 있게!

이 무렵, 로테의 마음속에 어떤 생각이 오가고 있었으며, 남편에 대한 배려와 그녀의 불행한 친구에 대한 상념이 어떠했었는지, 우리는 그것을 말로 표현하기는 어렵습니다. 다만 우리는 로테의 성격을 알고 있으므로 대강은 짐작할 수가 있고, 또 상냥한 마음씨를 지닌 여성이라면 로테의 심정이 되어 생각하고, 로테와 더불어 느낄 수 있을 것이라 생각합니다.

아무튼 이것만은 분명한 사실입니다. 즉, 로테는 베르테르를 멀리하기 위하여 모든 수단을 다 강구하려고 굳게 마음먹고 있었습니다. 로테가 그 실행을 망설였다면, 그것은 친구에 대한 진정한 배려 때문이었습니다. 그것이 베르테르에게 있어서 얼마나 쓰라린 희생인지, 아니, 거의 불가능한 일이라는 것을 그녀는 너무도 잘 알고 있었던 것입니다. 그러나 시간이 흐름에 따라 로테는 단호한 태도를 취해야 할 처지에 몰리게 되었습니다.

이러한 관계에 대하여 그녀는 언제나 침묵을 지켜 왔지만, 남편 알베르트 역시 더 이상 그런 일에 대하여는 입을 떼려고 하지 않았습니다. 때문에 그녀로서도 남편의 이런 심정에 못지않은 굳은 결의를 하고 있다는 것을 행동으로 남편에게 보여 주려고 애썼습니다.

이 책의 마지막에 수록한 편지를 베르테르가 친구 앞으로 쓴 것은 크리스마스를 앞둔 일요일이었는데, 그 날 저녁때 그는 로테를 찾아갔습니다. 로테는 혼자 있었습니다. 그녀는 마침 어린 동생들을 위한 크리스마스 선물용 장난감을 정리하고 있었습니다. 베르테르는 아이들이 기뻐하겠다고 말하며, 자기가 어렸을 때의 성탄절 기분을 이야기했습니다.

"갑자기 문이 탁 열리고 촛불이며 과자며 사과 등으로 장식된 트리가 나타나면 나는 꼭 천국에 들어간 것같이 황홀한 기분이 되곤 했죠."

"당신에게도……."

하면서 로테는 사랑스러운 미소로 당혹스러운 심정을 감추며 말했습니다.

"당신에게도 선물이 있을 거예요. 얌전히 계시면요. 기다란 양초라든가 그런 걸……."

"얌전히 있다는 건 무슨 뜻인가요?"

하고 베르테르는 커다란 소리로 외쳤습니다.

"어떻게 하면 되는 겁니까? 로테!"

"목요일 저녁이 크리스마스 이브예요. 아이들도 오고 아버지도 오세요. 모두들 각각 선물을 받게 되지요. 그 때 당신도 오세요. 그렇지만 그 전에는 오시지 마세요."

베르테르는 그만 가슴이 뜨끔했습니다.

"부탁이에요. 어쩔 도리가 없어요. 저를 안정시키는 일이라고 생각하시고 제발 그렇게 해 주세요. 이대로 가다간 아무래도 안 되겠어요!"

베르테르는 그녀에게서 눈길을 돌리고, 방 안을 이리저리 돌아다니면서 입 속으로 중얼거렸습니다. '이대로 가다간 안 된다…….' 로테는 그 말 한 마디가 베르테르를 얼마나 무서운 상태로 몰아넣었는지를 곧 알아차리고, 여러 가지 말로 그의 마음을 풀어 주려 했으나 소용이 없었습니다.

"좋아요, 로테! 이제 두 번 다시 당신을 만나러 오지 않겠습니다!"

하고 베르테르는 큰 소리로 대답했습니다.

"어째서 그런 말씀을 하세요? 베르테르 씨, 언제든 저희 집에 오셔도 좋아요. 다만 지나치지만 않게 해 주세요. 아아, 어째서 당신은 이토록 격렬하게, 한번 손에 잡으면 꽉 붙잡고 놓지 않으려 할까요? 무슨 일에나 억누를 수 없는 정열을 쏟으시는군요! 제발 부탁이에요."

로테는 베르테르의 손을 잡고 말을 이었습니다.

"분수를 지켜 주세요! 당신의 인격, 학문, 재능 정도면 얼마든지 재미있는 일을 즐기실 수가 있잖아요? 대장부다워지세요! 당신을 가련하게 생각하는 일 이외에는 아무것도 해 드릴 수가 없는 저 같은 여자에게 이런 슬픈 애착을 갖지 마세요."

베르테르는 이를 악물고 처참한 표정으로 로테를 보았습니다. 로테는 그의 손을 잡은 채 계속 말했습니다.

"한순간이라도 차분히 생각해 봐 주세요, 베르테르 씨! 당신은 당신 자신을 속이고 일부러 자신을 파멸시키려 하고 있어요. 그렇게 생각되지 않으세요? 어째서 저를? 남의 아내인 이런 사람을……. 저는 이런 생각마저 들어요. 혹시 저를 당신 것으로 소유할 수가 없다는 사실이 당신 마음을 끌고 있는 게 아닐까요?"

베르테르는 로테에게 잡혀 있던 손을 빼내고, 매우 못마땅한 눈초리로 로테를 쳐다보았습니다.

"훌륭하시군요! 정말 현명하십니다. 알베르트가 그런 대사를 일러 주던가요? 전략가야, 훌륭한 전략가!"

"그 정도 말은 누구나 할 수 있어요. 이 넓은 세상에 당신의 소망을 채워 줄 만한 아가씨가 한 사람도 없을까요? 한번 마음먹고 찾아보세요. 틀림없이 그런 사람이 눈에 띌 거예요. 이런 말씀을 드리는 건 벌써 오래 전부터 당신을 위해서나 저희들을 위해서나 걱정스러워 견딜 수가 없었기 때문이에요. 요즈음의 당신은 일부러 자신을 좁은 세계로 몰아넣고 있는 것 같아요. 용단을 내리세요! 여행을 하면 틀림없이 기분도 풀릴 거예요! 부디 당신에게 어울리는 좋은 분을 찾아내도록 하세요. 그래서 우리가 진정한 우정을 누릴 수 있었으면 좋겠어요."

하고 그녀는 말했습니다.

베르테르는 차갑게 웃었습니다.

"그 말을 인쇄해서 온 세상의 가정교사들에게 배부해 주고 권장하는 것이 어떨까요? 로테, 앞으로 얼마간만 더 나를 이대로 내버려두어 주십시오. 그러면 만사가 다 잘 될 테니까요!"

"아무튼 베르테르 씨! 크리스마스 이브 전에는 오지 마세요, 네?"

베르테르가 뭐라고 대답하려 했을 때 알베르트가 들어왔습니다. 두 사람은 어색한 저녁인사를 나누고, 둘 다 거북한 듯 방 안을 서성거렸습니다 베르테르는 싱거운 이야기를 몇 마디 던지다가 그것도 곧 바닥이 나서 그만두고 말았습니다. 알베르트 역시 마찬가지였습니다.

그러다가 알베르트는 아내에게, 자기가 부탁했던 일은 어떻게 했느냐고 물었고, 로테가 아직 일을 처리하지 못했다고 하자, 한두 마디 잔소리 비슷한 말을 했습니다. 베르테르에게는 그것이 매우 차갑게 들렸습니다.

돌아갈 기회를 놓치고 망설이는 사이에 8시가 됐습니다. 불쾌감과 울분이 점점 더해갔습니다. 저녁식사 준비가 다 되었을 때에야 베르테르는 모자와 단장을 집어들었습니다. 알베르트가 좀더 있다가 천천히 가라고 권했으나, 베르테르의 귀에는 인사치레로만 들려 퉁명스레 사양하고는 밖으로 나와 버렸습니다.

그는 바로 집으로 돌아왔습니다. 젊은 하인이 등불을 들고 나오자, 그는 그것을 받아 들고 혼자 자기 방으로 들어갔습니다. 그리고는 큰 소리를 내며 울고 말았습니다. 그는 흥분한 나머지 혼잣말로 무어라 중얼거리기도 하고, 방 안을 조급하게 이리저리 서성거리기도 하더니, 마침내 옷을 입은 채로 침대에 드러누웠습니다.

11시경에 하인이 조심스레 들어가 보니, 그는 그대로 누워 있었습니다. 베르테르는 하인에게 구두를 벗기게 한 다음, 내일 아침에 부를 때까지 방에 들어오지 말라고 일렀습니다.

12월 21일, 월요일 아침에 베르테르는 로테 앞으로 다음과 같은 편지를 썼습니다. 이 편지는 그가 죽은 후에 그의 책상 위에서 봉해진 채 발견되었고, 그대로 로테에게 전해졌습니다. 여러 가지 사정으로 미루어 그가 이 편지를 단편적으로 썼다는 것이 분명하므로, 그 순서에 따라 일부분씩 끊어서 실었습니다.

로테! 나는 드디어 결심했습니다. 나는 죽으려고 합니다. 낭만적인 그 어떤 과장도 없이, 냉정한 심정으로 당신을 마지막으로 만나게 될 바로 그 날 아침에 이 글을 쓰고 있습니다.

나의 가장 사랑하는 사람이여! 당신이 이 글을 읽을 때는 이미 차가운 무덤이 불행한 사나이의 경직된 몸을 덮고 있을 것입니다. 생애의 마지막 순간까지도 당신과 더불어 이야기하는 것보다 더 큰 행복을 알지 못한 사나이였습니다. 무서운 하룻밤을 지새웠습니다만, 아아, 그것은 감사해야만 할 밤이기도 했습니다. 죽는다는 결심을 확실히 굳혀 준 밤이었으니까요.

어제 몹시 흥분하여 떨치듯이 당신과 헤어져 돌아왔을 때, 절망과 슬픔이 몸서리치는 차가움으로 나를 사로잡았을 때, 조금 전에 있었던 일이 한꺼번에 내 마음속에 밀려들었습니다.

나는 방에 들어가서 넋없이 무릎을 꿇고 외쳤습니다. 오오! 하느님이시여, 당신은 저에게 더없이 쓴 눈물을 최후의 위안으로 내려 주셨습니다. 끝없는 계획과 끝없는 희망이 내 마음을 설레게 합니다. 이윽고 최후의 한 생각, 죽어 버리자는 마지막 결단 하나가 확고하게 내려졌습니다.

나는 그대로 자리에 누웠습니다. 아침에 눈을 떴을 때, 간밤의 혼란에 진정된 가운데서도 죽어 버리자는 생각은 확고하게, 조금도 동요됨 없이 가슴속에 뿌리를 내리고 있었습니다. 이것은 결코 절망이 아닙니다. 내가 끝까지 참고 견디다가 당신을 위하여 희생되는 것을 뜻할 뿐입니다.

그렇습니다, 로테! 나는 끝내 이 사실을 말하지 않고 있어야만 할까요? 우리 세 사람 가운데 누군가 한 사람은 떠나야만 합니다. 그러므로 내가 그 한 사람이 되려는 것입니다. 아아, 사랑하는 이여! 갈가리 찢어진 이 가슴속에 몇 번이나 이런 생각이 미친 듯이 맴돌았는지요!

'당신 남편을 죽일까? 당신을? 아니, 나를?'

그러나 이미 지난 일입니다. 아름다운 여름날 저녁, 언덕 위에 올라가시거든 내가 그토록 즐겨 그 골짜기로 올라갔던 일을 되새기며 부디 나를 생각해 주십시오. 그리고 내 무덤을 바라보고 그 위에 무성한 풀들이 저무는 저녁 햇살 속에 바람에 나부끼는 것을 보아 주십시오.

이 편지를 쓰기 시작했을 때는 냉정했었는데, 지금은 그런 정경이 너무나도 생생하게 눈앞에 떠올라서 어린애처럼 울고 있습니다. 이 모든 일들이 머릿속에 생생하게 떠오르기 때문입니다.

10시경에 베르테르는 하인을 불렀습니다. 그리고 옷을 입으면서, 2,3일 후에 여행을 떠날 테니, 옷을 손질하고 짐을 꾸릴 준비를 해 두라고 일렀습니다. 또 지불할 것이 있는 곳에는 빠짐없이 계산서를 받아오고, 빌려 준 몇 권의 책도 찾아오도록 했습니다. 그리고 매주 얼마씩 원조해 온 몇몇 가난한 사람들에게는 두 달치를 선불해 주라고 했습니다.

그는 식사를 자기 방으로 가져오게 하고, 식사를 마치자 말을 타고 법무관의 집으로 갔습니다. 법무관은 외출하고 없었습니다. 그는 깊은 상념에 잠겨서 정원을 이리저리 거닐었습니다. 죽기 전에 모든 추억들을 자기 마음속에 차곡차곡 쌓아 두려고 하는 것처럼 보였습니다.

그러나 아이들은 그를 조용히 내버려두지 않았습니다. 그의 꽁무니를 뒤쫓아와서 달라붙으며, 내일, 그 다음 내일, 그리고 또 하루가 더 지나면, 로테 언니 집에 가서 크리스마스 선물을 받을 거라면서, 그들의 어린 상상력이 기대할 수 있는 최대한의 경이를 마음껏 펼치며 재잘거리는 것이었습니다.

"내일, 그 다음 내일, 그리고 또 하룻밤만 더 자면……!"

하고 베르테르는 큰 소리로 말하면서, 아이들에게 다정하게 키스를 하고 떠나려 했습니다. 그 때 막내둥이가 그의 귀에 대고 소곤거렸습니다. 언니, 형들이 예쁜 연하장을 썼다는 것이었습니다. 아주 커다란 거 한 장은 아빠에게, 또 한 장은 알베르트와 로테 누나에게, 그리고 베르테르 아저씨에게도 설날 아침에 한 장 드릴 작정이라고 말입니다. 베르테르는 이 이야기에 가슴이 찡해졌습니다.

아이들에게 몇 푼씩 돈을 쥐어 주고 아버지께 안부 전해 달라고 부탁한 다음, 그는 눈에 눈물이 글썽한 채 말을 타고 그 곳을 떠났습니다.

5시경에 집에 도착하자, 그는 하녀에게 난롯불을 잘 살펴서 밤늦게까지 꺼지지 않도록 하라고 일렀습니다. 하인에게는, 아래층에 있는 책을 트렁크에 넣고, 옷가지들은 여행 가방 속에 챙겨 두라고 일렀습니다.

아마도 그 뒤에, 로테 앞으로 보낸 마지막 편지 가운데 다음 부분을 쓴 것 같습니다.

당신은 내가 찾아가리라고는 미처 생각지 못했을 것입니다. 당신 말대로 크리스마스 이브 전에는 가지 않을 것으로 생각하고 말이죠. 아아, 로테! 그러나 오늘 한 번만 더! 그렇지 않으면 영원히 만날 기회가 없습니다. 크리스마스 이브에 당신은 이 편지를 손에 들고 부들부들 떨면서 가련한 눈물로 이것을 적실 것입니다. 나는 하겠습니다. 아아, 결심을 굳히고 나니 어쩌면 이토록 기분이 상쾌할까요?

한편, 로테는 그 동안 이상한 감정 상태에 빠져 있었습니다. 베르테르와 그 마지막 대화를 나눈 뒤에 그녀는 그와 헤어지는 일이 자기로서 얼마나 쓰라린 일이며, 베르테르 또한 자기와 헤어지는 것을 얼마나 가슴아프게 생각할까 하는 것을 절실히 느끼고 있었습니다.

크리스마스 이브 전까지는 베르테르가 찾아오지 않을 거라고 그녀는 알베르트에게 넌지시 이야기해 두었습니다. 그리고 그 날 알베르트는 이웃 마을의 어느 관리 집에 볼일이 있어서 거기서 묵어야만 했습니다.

그래서 그 날 로테는 혼자 있었습니다. 그녀의 곁에는 동생들도 없었습니다. 그녀는 조용히 자신의 처지를 생각해 보았습니다. 그녀는 자기가 남편과 영원히 맺어져 있음을 느꼈습니다.

그녀는 남편을 사랑하고 있었습니다. 남편의 그 침착성과 믿음직스러운 성품은 그녀가 착한 아내로서 평생의 행복을 그 바탕 위에 이룩할 수 있도록 하늘에서 정해 준 것이라고 생각했습니다. 그녀는 남편이 자기나 아이들에게 언제까지나 더없이 소중한 존재라는 것도 알고 있었습니다.

그러나 한편으로는 베르테르도 대단히 소중한 존재가 아닐 수 없었습니다. 서로 알게 된 순간부터 두 사람의 마음은 서로 잘 통했습니다.

오래 교재해 오는 동안에 지금까지 겪어 온 갖가지 일들이 그녀의 마음속에 지울 수 없는 인상을 남겼습니다. 그녀가 흥미 있게 느끼거나 생각한 것들은 모두 그와 나누는 버릇이 생겨, 지금 헤어져야만 한다면 그녀의 마음속에는 메울 수 없는 구멍이 뚫려 버릴 것 같았습니다.

아아, 베르테르와 자기가 오누이간이라면! 그러면 얼마나 행복할까? 아니, 그를 자기 친구 가운데 한 사람과 결혼시킬 수는 없을까? 그러면 베르테르와 알베르트와의 사이도 다시 전처럼 될 수 있을 텐데! 로테는 자기의 여자 친구들을 한 사람씩 차례차례 생각해 보았습니다. 그러나 어느 친구나 모두 어딘가 결점이 있어 베르테르와 어울릴 만한 친구는 찾을 수 없었습니다.

이렇게 이것저것 생각하고 있는 동안에, 그녀는 베르테르를 곁에 붙들어 두고 싶은 것이 자기의 은밀한 소망이라는 사실을 비로소 깨달았습니다. 하지만 그와 동시에 그녀는 베르테르를 붙들어 둘 수는 없으며, 그것은 용납될 수 없는 일이라고 자기 자신을 타일렀습니다.

그리하여 그토록 청순하고 아름다운 마음씨를 지니고 언제나 쾌활하게 처신하던 그녀도, 이제는 행복에 대한 기대를 잃고 일종의 우울증에 걸리고 말았습니다. 그녀의 마음은 무겁게 억눌렸으며 먹구름이 그녀의 눈을 덮었습니다.

어느덧 6시 반이 되었을 때, 베르테르가 계단을 올라오는 소리가 들렸습니다. 그 발소리, 자기를 찾고 있는 그의 목소리가 귓전에 울려 왔습니다. 로테의 가슴은 세차게 고동쳤습니다. 베르테르가 왔을 때 이렇게 가슴이 두근거린 것은 이번이 처음이었습니다. 그녀는 그와 만나지 않는 것이 좋을 것 같았습니다. 베르테르가 들어왔을 때, 그녀는 당황한 어조로 외쳤습니다.

"약속을 어기셨군요!"

"나는 아무 약속도 하지 않았는데요?"

하고 베르테르는 말했습니다.

"약속은 안 했어도 제 부탁을 들어 주셔야만 하잖아요?"

하고 그녀는 항의를 하고 이렇게 말했습니다.

"저는 우리 두 사람 모두를 위해 부탁드렸던 거예요."

막상 이렇게 말하면서도 그녀는 자기가 지금 무슨 소리를 하고 있는지 분명히 알 수가 없었습니다. 그리고 베르테르와 단둘이 있게 되는 상황을 피하기 위해 두어 사람의 친구를 불러오도록 하녀를 보냈을 때에도 대체 무슨 짓을 하고 있는지 깨달을 수가 없었습니다.

베르테르는 갖고 온 두어 권의 책을 내놓고 다른 책은 없느냐고 물었습니다. 로테는 친구들이 와 주었으면 싶기도 했고, 오지 말아 주었으면 싶기도 했습니다.

이윽고 하녀가 돌아와서 두 친구가 모두 사정이 있어서 오기 어렵겠다는 말을 전했습니다. 로테는 하녀에게 옆방에서 일을 하고 있도록 이르려다가, 그만두었습니다.

베르테르는 방 안을 서성거리고 있었습니다. 로테는 피아노로 미뉴에트를 치기 시작했습니다. 그러나 어쩐지 잘 쳐지지 않았습니다. 그래서 그녀는 마음을 고쳐 먹고 베르테르 곁에 가서 앉았습니다. 베르테르는 여느 때처럼 소파에 앉아 있었습니다.

"뭐, 적당한 읽을거리가 없을까요?"

로테가 물었습니다. 베르테르는 아무것도 갖고 있지 않았습니다.

"그 서랍 속에 당신이 번역하신 오시안의 시가 몇 편 들어 있어요. 저는 아직 읽지 못했어요. 기회 봐서 당신에게 읽어 달라고 부탁하려고 벼르고 있었는데, 어쩌다 보니 그럴 기회가 없었네요. 기회를 만들 수도 없었고요."

베르테르는 미소를 지으며, 자신이 번역한 그 원고를 꺼냈습니다. 그것을 손에 들었을 때 전율이 그를 엄습했습니다. 원고를 펼쳐 들었을 때 그의 눈에 눈물이 가득 괴었습니다. 그는 자리에 앉아 읽기 시작했습니다.

저물어 가는 밤하늘의 별이여!
그대 찬란하게 서쪽 하늘에서 반짝이며
빛나는 얼굴을 구름 사이로 내밀어
천천히 언덕을 넘어간다.
무엇을 찾기에 거친 벌판을 내려다보는가?
폭풍우는 그치고,
멀리 골짜기 개울의 중얼거림이 들려온다.

출렁이는 물결은 바위를 희롱하고
저녁 파리 떼의 날개 소리 들에 가득하다.

아름다운 빛이여!
무엇을 찾는가?
그대는 미소지으며 흘러가는구나.
흐르는 물결은 기꺼이 너를 껴안고
사랑스러운 듯 머리카락을 씻어 주누나.
잘 있거라, 고요한 별빛이여!
어서 나타나라,
그대 오시안의 영혼의 빛이여!
늠름한 오시안의 빛은 나타난다.

그리운 친구들의 모습이 눈에 비치도다.
지난날처럼 로라 들판에 다시 모였도다.
핑갈은 안개에 젖은 기둥처럼 나타나고,
용사들은 그를 에워싸고 있네.
보라! 방랑의 가인들을…….
오오, 백발의 울린!
위풍당당한 리노!
사랑스러운 목소리 알핀!
그리고 조용히 영탄하는 미노나!
그대 나의 친구들이여!
젤마 성의 축제일 이후
그대들은 얼마나 변했는가?
그 날 산들거리는 봄바람이 언덕을 넘어와,
고요히 속삭이는
푸성귀를 번갈아 흩날리는 듯
서로 다투어 노래했었지.

그 때 미노나는
아름다운 얼굴을 하고 나타났네.
지그시 감은 눈동자에는
눈물이 괸 채,
그녀의 머리칼은
언덕을 불어 내리는
심술궂은 바람결에 휘날리고
그녀가 아름다운 노래를 부르니

용사들의 가슴은 슬픔에 젖어
그들은 몇 번이나
잘가르의 무덤을 바라보고,
콜마의 어두운 집도 때때로 굽어보누나.
슬프다, 아름다운 노래를 부르던 콜마는
그 언덕 위에 버림을 받았나니
아름다운 목소리로 탄식하누나
잘가르는 온다고 약속했으나,
사방에는 어둠이 깔렸어라.
듣거라, 언덕 위에 홀로 앉아 있는
콜마의 저 노랫소리를…….

콜　마

날이 저물었도다!
나는 홀로 폭풍우 몰아치는 이 언덕에
버림을 받았노라.
바람은 산 속에서 울고
물결은 울부짖으며
바위 위를 흘러내린다.
이 언덕에
버림을 받은 나에게는
비 피할 오두막조차도 없구나.

달이여!

구름을 헤치고 나오너라,
밤하늘의 별들이여!
반짝여 다오,
너의 빛으로 나를 인도하라,
사랑하는 이가 있는 곳으로.
이제 그는 줄을 푼 활을 옆에 놓아 두고,
사냥개들이 킁킁거리는 곁에서
사냥에 지쳐 쉬고 있으리라.

그러나 나는
여기 개울가 바위 위에
홀로 앉아 있노라.
물 소리 바람 소리만이 울려 올 뿐,
사랑하는 그대의 목소리는 들리지 않는구나.
어찌하여 나의 잘가르는
어서 오지 않느뇨?
약속을 잊으셨나요?
저기에는 바위와 나무,
여기에는 콸콸 흐르는 물결,
밤이 깊어 오면
이 곳으로 돌아오마고 약속한 당신.
아아, 어디서 길을 잃으셨나요,
나의 잘가르?
그대 오시면
저 오만한 아버지와 오빠를 모두 뿌리치고서,

한께 달아날 작정을 했거마······.
우리들 집안은
서로 오랜 원수였지만,
당신과 나는 이토록 정답기만 하지요.
오오, 잘가르!

잠잠해 다오, 바람이여.
잠시 고요히 흘러다오, 물소리여,
내 목소리 골짜기를 울리며
나그네 귀기울이도록······.
잘가르여!
이렇게 외치는 사람은 나요.
나무와 바위가 있는 이 곳이에요.
잘가르, 사랑하는 이여!
나 여기 있어요.
그대는 어이하여 오기를 망설이고 있나요?

보라! 저기 달이 나타났다오.
흘러넘치는 물결이 골짜기에 반짝이고,
검은 바위들이 언덕 위에 솟아 있건만
그 봉우리에 그의 모습은
보이지 않고,
그가 온다고 앞장서서
꼬리치는 개 한 마리 없네.
나만 홀로 여기 앉아 있어야 하누나!

저 아래 벌판에
누워 있는 사람은 누구이뇨?
혹시 사랑하는 그대일까?
아니면 내 오라비일까?

오오, 벗이여, 말하여 다오.
그대들은 대답이 없구나!
내 가슴은 이토록 설레는데,
아아, 그대들은 이미 죽었도다.
그대들의 칼은
싸움터에서 벌겋게 물들었도다.
오오, 오라비여!
어찌하여 나의 잘가르를 죽였느뇨?
오오, 잘가르여!
어찌하여 나의 오라비를 죽였느뇨?
그대들 둘 다 내게는 사랑스러웠건만……
오오, 그대들은 언덕 위 수많은 기사들 중에서도
유난히 뛰어났었지.
싸움터에서는 얼마나 용감했던가!
대답해 다오.
내 목소리를 들으라,
내 사랑하는 이여,
아아, 그러나 그대들은 말이 없구나!
영원토록 말이 없어라!
그대들의 가슴은 흙덩이처럼 차갑구나!

아아, 언덕배기 바위에서,
비바람 몰아치는 산봉우리에서
말하여 다오, 망령들이여!
말하여 다오.
어찌 내가 두려워하리.
──그대들은 어디로 쉬러 갔느뇨?
산 속 어느 동굴에서 그대들을 찾을 수 있느뇨?
바람결에 귀를 기울여도 가냘픈 목소리 하나 들리지 않고
언덕 위 비바람에 귀를 기울여도
아무 대답도 들을 수 없구나.
나는 탄식하며 여기 앉아 있노라.
나는 눈물을 머금고 아침을 기다리노라.
어서 무덤을 파헤쳐 다오,
그대들 죽은 이의 벗들이여!
그리하여 내가 갈 때까지 기다려 다오.
나의 목숨은 꿈결처럼 사라져 가노라.
어찌 나 혼자
살아 남을 것인가?
여기서 나는 친구와 함께 살리라,
바위에 부딪쳐 울부짖으며 흐르는 냇가에서.

밤이 언덕 위에 찾아오고
바람이 벌판에 몰아칠 때
나의 넋은 그 바람을 타고
그리운 친구들의 죽음을 서러워하리라.

사냥꾼들은 움막에서
내 목소리를 듣고 두려워하면서도
귀가 솔깃하리라.
돌아간 친구들을
서러워하는 내 목소리는 감미로울지니,
둘 다 나에게는 사랑스러웠노라.

이것이 그대의 노래였노라.
오오, 미노나여!
상냥하고 수줍은 아가씨여!
우리들의 눈물은
콜마를 위해 흘리고,
마음은 어둠 속을 헤매었노라.

울린은 류트를 손에 들고,
알핀은 노래를 불렀노라.
그 노랫소리 그리움에 떨고,
리노의 가슴에서는 불꽃이 튀었노라.
그러나 그들은 이미 무덤 속에 잠들고,
그들의 목소리는 젤마 성에서 사라졌노라.

두 용사들이 쓰러지기 전에
울린은
사냥에서 돌아와
언덕 위에서 들었노라,

서러운 그들의 노래를.

두 사람은 용사 중의 용사.

용감한 모라르의 죽음을 슬퍼하는 노래를…….

그의 영혼은 핑갈의 그것과 같았노라.

그의 칼은 오스카의 그것과 같았노라.

그러나 그는 쓰러졌도다!

어버이는 슬픔에 잠기고

누이는 눈물을 흘렸노라.

용감한 모라르의 누이

미노나의 눈에서는 눈물이 비오듯 했노라.

미노나는 울린의 노래가 들려오자

물러갔노라.

비바람을 예측하고

아름다운 얼굴을 구름 속에 감추는

서녘 하늘의 달과도 같이…….

나는 그 구슬픈 노랫소리에

울린과 함께

류트를 탔노라.

리 노

바람도 비도 사라졌도다.

하늘은 맑게 개고

구름이 흩어졌도다.

멈출 줄 모르는 태양은 피해 가면서
언덕 위를 비추어 주고,
혼탁한 산여울은
빨갛게 물들고 골짜기를 치닫는도다.
너 흐르는 물결이여!
아름답구나, 너의 지저귐 소리.
그러나 내 귀에 들려오는 저 목소리는
더욱 아름답구나.
저 알핀의 목소리는…….
그는 죽은 이들을 슬퍼하고 있도다.
그의 머리는 늙어서 수그러지고
눈두덩은 불그스름하구나.
알핀이여!
너 슬기로운 가인이여!
어찌하여 말없이 언덕 위에 홀로 섰느뇨?
숲 속을 스쳐가는 바람결처럼
어찌하여 그대는 서러워만 하느뇨?

알핀의 노래

리노여!
나의 눈물은
죽은 자를 위한 것,
나의 노래는
무덤 속에 잠든 자들을 위한 것이다.

언덕 위에 서 있는 그대의 모습은
날씬하기가 이를 데 없고
거친 벌판에서 아이들이 에워싼 그대 얼굴은
아름답기 그지없구나.
그러나 그대도 모라르처럼 쓰러지고 말 것이다.
그대의 무덤 옆에는
애도하는 벗들이 모여 앉을 것이며,
언덕은 그대를 잊을 것이다.
그대의 활은 시위도 메우지 않은 채
방 안에 놓여질 것이다.
오오, 모라르여!
그대는 언덕 위의 노루처럼 재빠르고,
밤하늘의 불길처럼 사나웠도다.
그대의 분노는 폭풍우 같았고,
그대의 칼은 능히 황야의 번갯불일 수 있었도다.
그대의 목소리는
비 내린 뒤의 산여울이었고,
아득한 언덕 위의 우렛소리였도다.
수많은 전사들이
그대의 손에 쓰러지고,
분노의 불길은 그들을 삼켰도다.
그러나 그대가 싸움터에서 돌아왔을 때,
그대의 이마에는
평화가 깃들어 있었도다.
그대의 얼굴은

소나기가 내린 뒤의 태양과 같았고,
고요한 밤하늘의 달과 같았도다.
그대의 가슴은
폭풍이 그친 뒤의 호수처럼 고요했도다.
이제 그대의 집은 비좁기 그지없고,
그대의 방은 어둡기 한이 없구나.
나는 단지 세 걸음으로 그대의 무덤을 잴 수 있노라.
오오, 위대한 지난날의 그대여!
이끼 낀 네 개의 망주석이
그대의 유일한 기념물이로다!
잎이 떨어진 나무여!
바람에 나부끼는 푸성귀들이
사냥꾼들에게 모라르의 무덤을 가리키고 있네.
그대에게는 죽음을 슬퍼하는 어머니도 없고,
사랑의 눈물을 뿌릴 애인도 없구나.
그대를 낳은 분은 세상을 떠났고,
모르그란의 딸도 이미 숨졌도다.
저기, 지팡이에 의지하고 있는 이는 누구뇨?
백발이 성성한 머리를 이고,
눈물로 말미암아 눈자위가 붉게 물든 이는 누구이뇨?
오오, 모라르여!
그는 바로 그대의 아버지로다.
그는 싸움터에서 그대의 명성을 들었도다.
적이 그대에게 쫓겨
사방으로 흩어져 갔다는 소문을 들었도다.

아아, 그러나 그의 상처에 대해서는
미처 못 들었던가?
통곡하라!
모라르의 아버지여, 통곡을 하라!
그러나 당신의 아들은 그 통곡 소리를 듣지 못하리.
죽은 이는 깊이 잠들고
그 흙베개는 낮으니라.
그는 온갖 소리에 귀를 기울이지 않거니,
그대의 통곡에도 잠을 깨지 않으리.
오오, 그 어느 날
무덤에도 밝은 아침이 찾아와
잠든 이에게 외칠 것인가? '어서 잠을 깨라'고.

안녕! 세상에서 가장 고귀한 자여!
그대 싸움터의 정복자여!
그러나 이제 싸움터는
그대를 찾아볼 수 없고
우거진 숲이
그대의 검에 번쩍이는 날이 없으리.
그대는 자손도 두지 않았건만
노랫소리가 그대의 이름을 전하고
후세 사람들은 듣게 되리라,
그대의 이야기를……
싸움터에서 쓰러진
그대 모라르의 이야기를…….

용사들은 소리내어 슬퍼했노라. 그 가운데서도
아르민의 찢어질 듯한 한숨 소리가 가장 컸노라.
이는 아들의 죽음을 생각해서였으니,
그의 아들은 일찍이 싸움터에서 전사했노라.
이름난 갈말의 영주
카르모르도 용사 아르민의 칼에 앉아 있었노라.
"어찌하여 알핀은 슬피 우느뇨?"
하고 그는 말을 이었노라.
"울어야 할 까닭이 무엇인고?"
즐거운 노랫소리가 들려오지 않느뇨?
그 노래는 호수에서 피어올라
산골짜기에 퍼지는 안개와 같고
그 물기는 능히 꽃봉오리를 피어나게 하리.
그러나 이윽고 태양이 솟아오르면
안개는 걷히게 마련이로다.
그대는 어찌하여 그토록 슬퍼하느뇨?
아르민이여! 바다로 둘러싸인 고르마의 지배자여!
"나는 슬픔에 젖어 있노라."
그도 그럴 것이
내 슬픔의 내력은 결코 짧지 않노라.
카르모르여!
그대는 아들을 잃은 적이 없고
꽃다운 따님도 잃은 적이 없도다.
용감한 아들 콜가르는 아직 생존해 있고,
아리따운 딸 아닐라도 살아 있도다.

그대 집안의 나무에는 아름다운 꽃들이 피어나리라.
오오, 카르모르여!
그러나 아르민은 그 집안의 마지막 자손이었노라.
오오, 내 딸 다우라여!
너의 잠자리는 캄캄하기만 하구나!
너는 무덤 속에 영원히 잠들었구나!
너는 언제 잠에서 깨어나 아름다운 노래를 부를 것인가?
불어 다오, 너 가을 바람이여!
불어라, 어두운 벌판을 몰아치거라.
숲 속을 치닫는 물결이여!
줄기차게 흘러라.
비바람이여!
울부짖어라, 떡갈나무 위에서
오오, 달이여!
구름장을 헤치고
너의 흰 얼굴을 나타내어라.
나의 자식들은 죽어 가고
용감한 아린달은 쓰러지고
귀여운 다우라가 숨진
그 밤을 나로 하여금 상기시켜 다오.

다우라, 너 나의 귀여운 딸아!
너는 아름다웠노라.
푸라의 언덕 위에 걸린 달처럼 아름답고,
갓 내린 눈처럼 희고,

숨쉬는 산들바람처럼 향기로웠노라!
나의 아들 아린달이여!
그대의 활은 억세고
그대의 창은 날쌔며
그대의 눈초리는 파도 위의 서릿발,
그대의 방패는 폭풍 속의 불기둥이었노라.
전쟁으로 이름을 떨친 아르마르가 찾아와
다우라의 사랑을 구하자,
그녀는 오래 거절하지 못하더라.
이들의 희망은 아름다웠도다.
오드갈의 아들 에라트는
형이 아르마르의 손에 죽임을 당하자
원한을 품고
뱃사공을 가장하여 찾아왔나니,
파도를 헤쳐 가는 그의 배는 아름답기 그지없고
백발을 인 위엄 있는 얼굴에는
침묵이 감돌았도다.
"아름다운 아가씨여!"
"아르민의 귀여운 딸이여!
저 바다 한복판 바위 기슭과
나무에서 붉은 열매가 빛나는 곳,
거기 아르마르는 다우라를 기다리고 있다네.
나는 왔노라. 사나운 바다 건너
그의 애인을 인도하려고……."
처녀는 그를 따라나섰도다.

그리고 아르마르를 찾아 소리쳤도다.
그러나 응답하는 것은 오직 바위뿐,
"아르마르여! 사랑하는 그대여!
어찌하여 그대는 나를
이토록 괴롭히느뇨?

"아르나르트의 아들이여, 들으라!
그대를 부르는 것은 다우라로다."
배신자 에라트는 고소를 머금고
뭍으로 도망쳤도다.
"아린달! 아르민!
다우라를 구해 줄 이는 어디 있느뇨!
그녀는 아버지와 오라비를 소리 높여 부르노니
그 목소리, 바다를 건너왔도다.
그 때 사냥에 신이 나
언덕을 뛰어내려 온 나의 아들,
아린달의 허리춤에서는 화살이 철썩거리고
손에는 활이 쥐어져 있었으며
주위에는 털이 거무스름한 사냥개 다섯 마리가
꼬리치고 있었도다.
그는 담이 큰 에라트를
기슭에서 발견하자,
곧 덜미를 잡아
떡갈나무에 얽어매고 허리를 친친 감았도다.
붙잡힌 에라트는 바람결에 신음 소리를 내고

아린달은 다우라를 데려오려고
조각배를 바다에 띄웠도다.
아르마르는 격분한 나머지
뛰어와 잿빛 깃털 달린 화살을 쏘았나니,
윙하고 날아간 화살은 너의 가슴에 박혔구나.
오오, 아린달이여!
나의 아들이여!
배신자 에라트 대신에 네가 죽었구나!
조각배는 바위에 닿고
그는 거기 쓰러졌도다.
오오, 다우라여!
그대의 발 밑에 오라비의 피가 흘렀도다,
그대는 얼마나 원통했던가?

조각배가 파도에 산산이 부서지자
아르마르는 바다에 뛰어들었도다,
죽든 살든 다우라를 살리기 위해…….
때마침 언덕에서
한바탕 회오리가 물결 위로 휘몰아치자
그는 영원히 물속에 가라앉아 버렸도다.
나는 들었노라,
파도에 씻기는 바위 위에서
내 딸의 울음소리를…….
몸부림치며 외치는 그 소리를 듣고서도
이 아버지에게는 딸을 구할 기력이 없었도다.

나는 밤새껏 바다 기슭에 서서
희미한 달빛 속에
딸의 얼굴을 보았노라.
나는 밤새도록 그 울음소리를 들었노라.
바람 소리 거세고
비는 산허리를 때리는데,
동이 틀 무렵엔
그 울음소리가 한결 약해지더니
바위틈의 수풀을 스치고 지나가는
저녁 바람인 양
숨져 버렸도다.
가지가지 슬픔을 안은 채
그녀는 죽어 가고
아르민만 홀로 남았나니,
싸움터에서 내 패기는 꺾이고
처녀들 사이에서 내 위신은 땅에 떨어졌도다.
산에 회오리 바람이 불어닥칠 때,
북풍이 거센 파도를 말아 올릴 때,
나는 울부짖는 바다 기슭에
하염없이 앉아
그 무서운 바위를 바라보노라.
기울어지는 달 그림자 속에
나는 때때로 보노라.
자식들의 넋을…….
희미한 달빛 속을

그들은 슬프게도 다정스레 짝을 지어 떠돌아다니노라.

로테의 눈에서 눈물이 흘러내렸습니다.

그녀의 답답한 가슴을 씻어 주는 눈물과 함께 베르테르의 시 낭독은 중단되었습니다. 베르테르는 원고를 내던지고 로테의 손을 잡고 흐느껴 울었습니다. 로테는 그의 팔에 몸을 맡긴 채, 손수건을 꺼내어 눈을 가렸습니다.

두 사람은 엄청난 감동에 젖어 있었습니다. 숭고한 사람들의 운명 속에서 자신들의 불행을 느끼고, 서로 공감했던 것입니다. 두 사람의 눈물은 하나로 녹아 내렸습니다.

베르테르의 눈과 입술은 로테의 팔에 닿아 뜨겁게 달아올랐습니다. 로테는 전율을 느끼며 피하려 했지만, 고통과 동정이 납처럼 무겁게 몸을 짓눌러서 그럴 수가 없었습니다.

그녀는 심호흡을 하고 마음을 가다듬은 다음, 베르테르에게 그 뒤를 더 읽어 달라고 부탁했습니다. 그것은 듣기에도 애처롭고 쓰라린 목소리였습니다.

베르테르는 몸이 떨렸습니다. 가슴이 터질 듯했습니다. 그는 원고를 주워 들고, 더듬거리며 읽기 시작했습니다.

봄바람이여,
어찌하여 나를 깨우는가?
너는 정답게 소곤거리는구나.
"나는 하늘의 물방울로
만물을 적셔 주려 하노라."
그러나 내가 시들어 버릴 때는 가까웠다.

내 잎사귀를 불어 날릴 폭풍우는 가까웠다!
일찍이
내 아름다운 지난날의 모습을
보았던 그 나그네는
들판 구석구석에 눈길을 돌리며
나를 찾으리라.
그러나 그는 나를 찾아 내지못하리.

　이 시가 지닌 힘이 불행한 베르테르를 짓눌렀습니다. 그는 절망의 구렁텅이에 빠진 채 로테 앞에 꿇어앉았습니다. 그리고 그녀의 두 손을 자기의 눈과 이마에 갖다 대었습니다. 무서운 예감이 로테의 가슴속을 스치고 지나갔습니다.

　로테는 마음이 산란해져서 베르테르의 두 손을 꽉 잡아 자기 가슴에 갖다 대고서 슬픔을 못 이기는 듯이 그에게로 몸을 구부렸습니다. 두 사람의 뜨거운 볼이 맞닿았습니다. 갑자기 세계는 두 사람 속으로 사라져 갔습니다. 베르테르는 두 팔로 그녀의 허리를 휘감아 그녀의 떨리는 입술에 미친 듯이 키스를 퍼부었습니다.

　"베르테르 씨!"

하고 로테는 몸을 돌리며 숨가쁜 소리로 외쳤습니다.

　"베르테르 씨!"

　그녀는 힘없는 손으로 그의 가슴을 자기 가슴에서 떠다밀었습니다.

　"베르테르 씨!"

　그녀는 그지없이 숭고한 감정이 어린 침착한 목소리로 외쳤습니다. 베르테르는 거역할 수 없어 그녀를 팔에서 풀어놓으며 힘없이 그녀 앞에 쓰러졌습니다. 그녀는 사랑인지 분노인지 모를 감정에 몸을 떨며 말했습니다.

"이것으로 마지막이에요, 베르테르 씨. 이제 다시는 당신을 만나지 않겠어요."

그리고는 이 불행한 친구에게 애정어린 눈길을 보내며, 얼른 옆방으로 들어가서 문을 잠갔습니다. 베르테르는 그녀를 향해 두 팔을 내밀었으나, 차마 그녀를 붙잡지는 못했습니다. 그는 소파에 머리를 기댄 채 거실 바닥에 누워 반 시간 이상이나 그대로 있었습니다.

이윽고 어떤 인기척 소리에 제정신을 차렸습니다. 하녀가 식사 준비를 하려고 들어왔던 것입니다. 베르테르는 방 안을 서성거렸습니다.

이윽고 다시 혼자 남게 되자 옆방 문 앞으로 다가가서 나직한 소리로 불렀습니다.

"로테! 로테! 딱 한 마디만 작별 인사를 하게 해 줘요"

로테는 잠자코 있었습니다. 베르테르는 기다렸습니다. 다시 청을 하고는 또 기다렸습니다. 마침내 그는 문에서 떨어져서 외쳤습니다.

"잘 있어요, 로테! 영원히 잘 있어요!"

베르테르는 걸어서 성문 앞에 다다랐습니다. 문지기들은 전부터 그와 낯이 익은 터라, 말없이 통과시켜 주었습니다. 진눈깨비가 내리고 있었습니다.

11시경에야 그는 집으로 돌아와서 문을 두드렸습니다. 하인은 베르테르가 모자를 쓰지 않은 채 돌아온 것을 알아차렸지만, 아무 말도 하지 않고 옷을 벗겨 주었습니다. 옷은 흠뻑 젖어 있었습니다.

모자는 며칠 후 골짜기가 내려다보이는 어느 바위 위에서 발견되었습니다. 진눈깨비가 내리는 어두운 밤에 어떻게 굴러 떨어지지도 않고 거기까지 올라갔었는지 알 수 없는 노릇이라고들 말하고 있습니다.

베르테르는 침대에 누워 오랫동안 잤습니다. 이튿날 아침, 베르테르의 부름에 따라 하인이 커피를 가지고 방에 들어갔을 때, 그는 무엇인가를 쓰고 있었습니다. 그것은 로테 앞으로 보내는 편지였습니다.

내가 눈을 뜨는 것도 마지막, 드디어 마지막 눈을 나는 떴습니다. 이 눈은 아아, 이제 다시는 태양을 볼 수 없을 것입니다. 오늘은 흐릿하게 안개가 끼어서 태양이 가려져 있습니다. 자연이여, 슬퍼하라! 너의 아들, 너의 친구, 너의 사랑하는 자가 그 종말을 향해 다가가고 있다.

로테! 이것이 최후의 아침이라고 자기에게 다짐해 보는 것은 무엇이라 표현할 수 없는 기묘한 기분입니다. 어렴풋한 꿈결같다고나 할까요? '최후!' 로테! 나는 이 말의 의미를 알 수가 없습니다. '최후!' 지금 나는 이렇게 꿋꿋이 서 있는데도 내일이면 쭉 뻗어서 마룻바닥에 드러누워 있을 거라고 생각하니 이상한 기분이 듭니다.

죽음! 그것은 도대체 어떤 것일까요? 죽음에 대하여 이야기할 때, 그것은 한낱 잠꼬대에 불과할 것입니다. 나는 많은 사람이 죽는 것을 보았습니다. 그런데 인간은 자기 존재의 처음과 마지막에 대하여 아무것도 모릅니다. 인간의 능력이란 그만큼 제한되어 있는 것입니다.

아직도 나는 나의 것! 아니, 또한 당신의 것, 당신의 것입니다. 아아, 사랑하는 이여! 한순간이 지나면 우리는 헤어집니다……. 아마도 영원히……?

아니, 로테, 아닙니다. 어떻게 내가 죽어 없어져 버린단 말입니까? 우리는 존재해 있는 것입니다! 죽어 없어져 버린다……. 그것은 대체 무엇을 의미하는 것일까요? 그것은 내 가슴속에 아무런 느낌도 전해 주지 못하며, 공허하게 울리는 말에 불과합니다……. 로테, 죽어서 차가운 땅속에 묻힙니다. 답답하고 어두운 곳에!

철없던 어린 시절, 나에게는 소중한 여자 친구 하나가 있었습니다. 그 소녀가 죽었을 때, 나는 그 영구를 따라 묘지로 가서 관이 무덤 속에 내려지는 것을 보고 있었습니다. 사람들이 관 밑에서 밧줄을 빼냈습니다. 이윽고 최초의 흙이 한 삽 관 위에 끼얹어졌습니다. 흙은 관 뚜껑에 부딪치며 둔한 소리를 내었습니다. 그 소리는 차츰 작아져 가더니, 마침내 관은 완전히 흙에 덮이고 말았습니다. 나는 그 무덤 곁에 쓰러졌습니다. 마음속 깊이 충격을 받고 갈기갈기 찢어진 심정으로.

그러나 나는 그 때 나 자신이 어떻게 되었는지, 또 앞으로 어떻게 될 것인지를 전혀 알지 못했습니다. 죽음! 무덤! 이 말들의 뜻을 나는 이해할 수가 없습니다!

아아, 어제의 일을 용서해 주십시오! 용서해 주십시오! 그 때가 내 목숨의 마지막 순간이었더라면 좋았으련만. 아아, 나의 천사! 처음으로, 처음으로 아무런 의심도 없이 로테는 나를 사랑하고 있다는 환희가 내 마음속 깊은 곳에서부터 불타올랐습니다.

지금도 당신의 입술에서 번져 나온 거룩한 불꽃이 새롭고 뜨거운 환희가 되어 내 입술 위에서 타고 있습니다. 용서해 주십시오! 용서해 주십시오!

아아, 당신이 나를 사랑하고 있다는 것을 알고 있었습니다. 그 진심 어린 눈길에서, 최초의 악수에서, 나는 그것을 알았습니다.

그러나 당신과 떨어져 있을 때나 알베르트가 당신 곁에 있는 것을 보거나 하면, 또다시 열병과도 같은 의심이 일어나서 의기소침해지곤 했습니다.

언젠가의 그 숙명적인 모임에서 말을 걸지도 못하고 손을 내밀지도 못하던 나에게 꽃을 보내 주었던 그 일을 기억하고 있습니까? 아아, 그 꽃을 앞에 두고 나는 한밤중까지 꿇어앉아 있었습니다. 그 꽃이 나에 대한 당신의 사랑을 입증해 주었던 것입니다. 그러나 아아! 마음속에 새겨진 그 확신도 흐려져 갔습니다.

충만한 천상의 힘에 의해 하느님의 은총을 알고 난 뒤에도, 이윽고 그 감격이 신자의 마음속에서 차차 희미해지듯이……

이 모든 것은 무상한 것입니다. 그러나 어제 당신의 입술을 향유하고, 지금 내 가슴으로 느끼고 있는 이 불타는 생명은 영원히 소멸되는 일이 없을 것입니다! '로테는 나를 사랑하고 있다!' 이 팔로 로테를 포용하고, 이 입술은 로테의 입술 위에서 떨었던 것입니다! 이 입은 당신의 입에 닿아 말도 나오지 않았습니다. '로테는 내 것이다!' 그렇습니다, 로테. 당신은 내 것입니다! 영원토록.

알베르트가 당신의 남편이라는 것이 무슨 상관입니까? 남편! 그것은 다만 이 세상에서만의 일이잖습니까? 이승에서는 내가 당신을 사랑하고 남편의 품에서 당신을 빼앗아 내 품에 안으려 하는 것이 모두 죄가 되겠지요.

죄? 좋습니다. 그러므로 나는 나 자신에게 벌을 내리려고 합니다. 나는 이 죄의 성스럽기까지 한 기쁨을 마음껏 맛보았습니다. 생명의 향기와 힘을 들이마셨습니다. 그 순간부터 당신은 내 것이 되었습니다!

아아, 로테! 나는 먼저 갑니다. 나의 아버지요, 당신의 아버지이신 그분에게로 가서 하소연하렵니다. 그러면 그분은 당신이 올 때까지 나를 위로해 주시겠지요. 당신이 오면 나는 기쁘게 맞이하며, 전능하신 하느님이 보시는 앞에서 당신을 그러안고, 영원한 포옹을 계속하며 함께 있을 것입니다.

꿈을 꾸고 있는 것이 아닙니다. 환영을 그리고 있는 것도 아닙니다. 무덤 곁에 오니 정신은 더욱 또렷해집니다. 우리는 결코 죽어 없어지지 않습니다. 우리는 다시 만납니다. 당신 어머니도 만나게 될 것입니다! 나는 당신 어머니를 찾아뵙겠습니다. 나는 알아볼 수 있을 것입니다. 아아, 그리고 나는 당신 어머니께 내 마음속을 모조리 다 털어놓으렵니다! 당신을 꼭 닮은 그 분께……

11시경에 베르테르는 하인에게 알베르트가 돌아왔겠냐고 물었습니다. 하인은 그분의 말이 지나가는 것을 보았다고 대답했습니다. 그러자 베르테르는 다음과 같은 내용의 쪽지를 하인에게 주었습니다.

'여행을 떠날 계획인데, 권총을 좀 빌려 주시지 않겠습니까? 부디 안녕히 계시기를…….'

로테는 그 전날 밤 거의 잠을 이루지 못했습니다. 전부터 두려워했던 일이 일어나고 말았기 때문입니다. 더욱이 그것은 그녀가 전혀 생각지도 못했던 형태로 일어났던 것입니다. 평소에는 맑게 흐르던 순결한 피가 열병에라도 걸린 것처럼 끓어오르고, 갖가지 생각이 아름다운 마음을 어지럽혔습니다.

그녀가 가슴 깊이 느끼고 있었던 것은 베르테르와의 불길 같은 포옹이었을까요? 아니면 그의 무례한 행동에 대한 노여움이었을까요? 이도 저도 아니라면 전에는 아무 거리낌 없이 자기 자신에 대한 신뢰감을 가졌던 지난날을 비교해 보고 느끼는 불쾌감이었을까요?

남편이 돌아오면 어떻게 맞이해야 할까? 어제 그 일을 어떤 식으로 고백해야 할까? 그대로 고백해도 켕기는 일은 없지만, 그러면서도 어쩐지 고백하기가 망설여지는 그 순간의 일을 어떻게 고백해야 할지 망설여졌습니다.

게다가 오랫동안 두 사람은 베르테르에 대한 이야기를 피해 오고 있었던 것입니다. 그런데 하필이면 로테가 그 침묵을 먼저 깨뜨리고 이런 거북한 때에 그런 이야기를 고백해야만 할까요?

베르테르가 왔었다는 말만 들어도 남편은 언짢아할 텐데, 어떻게 그런 뜻밖의 상황을 입 밖에 낼 수 있단 말인가요! 또 남편이 정당한 눈으로 자기 마음을 있는 그대로 이해해 줄는지도 의문이었습니다.

그러나 자기는 언제나 투명한 수정알처럼 솔직히 남편을 대해 왔고, 마음속에 생각한 것은 무엇 하나 남편에게 숨긴 일도 없었고, 숨길 수도 없었습니다. 그런 생각들이 꼬리를 물고 그녀를 괴롭히고 곤혹에 빠뜨렸습니다.

베르테르를 잃는다는 건 가슴아픈 일이었지만, 어쩔 수 없었습니다. 사랑하는 그녀를 잃으면 이 세상에 남는 것이 아무것도 없는 베르테르일 테지만.

뚜렷이 자각하고 있었던 것은 아니지만, 부부 사이에 뿌리를 내린 갈등은 지금 로테의 마음을 무척이나 무겁게 짓누르고 있었습니다. 그토록 총명하고 선량한 두 사람이 남모르는 마음의 엇갈림이 원인이 되어 서로 침묵하기 시작하고, 서로서로 자기가 옳고 상대방이 부당하다고 생각함으로써 사태는 날로 얽히고설켜 마침내 위태로운 순간에 이르러서도 그 매듭을 풀지 못하고 있었던 것입니다.

두 사람이 원래 너그럽게 이해하는 마음으로 사랑과 관용을 북돋우고 속마음을 서로 열어 보였더라면, 우리의 벗은 어쩌면 구원의 여지가 있었을지도 모릅니다.

게다가 또 한 가지 더 껄끄러웠던 것은 그의 편지를 보아도 알 수 있듯이, 베르테르는 이 세상을 버리고 싶다는 생각을 조금도 숨기지 않았습니다.

알베르트는 몇 번이나 그의 이러한 견해에 반론을 제기해 왔고, 로테와도 때때로 이 점에 대해 이야기를 나누고는 했습니다. 하지만, 알베르트는 자살이라는 행위에 대해 큰 반감을 지니고 있었으므로, 평소의 그에게서는 볼 수 없는 신경질적인 태도로 베르테르의 자살 계획에 대해 여러 차례 이야기를 했습니다.

이러한 남편의 말은, 로테가 마음속으로 그런 끔찍한 광경을 상상할 때면 큰 위안이 되었습니다. 그러나 한편으로는 남편의 그런 태도 때문에 자기를 괴롭히고 있는 걱정을 남편에게 털어놓기가 더욱 어렵기도 했습니다.

알베르트가 돌아왔습니다. 로테는 황급히 그를 맞이했습니다. 알베르트는 밝은 얼굴이 아니었습니다. 일이 뜻대로 되지 않았던 것입니다. 이웃 마을에 사는 관리는 완고하고 소심한 사람이었습니다. 게다가 길이 나빴던 것도 그를 불쾌하게 했습니다.

별일 없었느냐고 알베르트가 물었을 때, 로테는 얼떨결에 베르테르가 왔었다고 대답했습니다.

알베르트는 자신에게 우편물이 온 건 없느냐고 물었습니다. 편지 한 통과 소포가 몇 개 와서 방에 놓아 두었다는 말을 듣고 알베르트는 자기 방으로 들어가 버렸습니다. 로테는 혼자 남게 되었습니다.

사랑하고 존경하는 남편이 돌아왔다는 사실이 그녀의 마음에 새로운 감정을 불러일으켰습니다. 남편의 관대함과 사랑을 생각하면 한결 마음이 진정되었습니다. 그리고 어쩐지 남편을 뒤따라가 보고 싶은 생각이 들어, 평소에 곧잘 그랬듯이 일거리를 들고 방으로 들어갔습니다.

남편은 바삐 소포를 끄르고, 편지를 읽고 있었습니다. 그다지 유쾌하지 못한 사연도 적혀 있는 모양이었습니다. 로테가 몇 마디 물어 보자, 남편은 간단하게 대답을 하고 책상에 앉아 뭔가를 쓰기 시작했습니다.

두 사람은 이렇게 1시간 정도 함께 있었습니다. 로테의 마음이 점점 어두워져 갔습니다. 설령 남편의 기분이 아주 좋을 때라 하더라도 지금의 꺼림칙한 마음을 고백하기는 지극히 어려운 일이라는 생각이 들었습니다. 그녀는 슬픔에 잠겼습니다. 그것을 감추기 위해 흘러내리는 눈물을 삼키려고 애쓰면 애쓸수록 더한층 괴로워졌습니다.

그 때 베르테르가 보낸 하인이 찾아왔습니다. 로테의 당혹스러움은 극에 달했습니다. 하인은 알베르트에게 가져온 쪽지를 전했습니다. 알베르트는 침착한 태도로 로테를 보고 말했습니다.

"이 사람에게 권총을 내줘요."

그리고는 하인에게 이렇게 말했습니다.

"여행 잘 다녀오기 바란다고 주인에게 전해 주게."

벼락처럼 가슴을 때리는 듯한 이 말을 듣자 로테는 비틀거리며 자리에서 일어났습니다. 지금 자신이 무엇을 하고 있는지조차도 모를 지경이었습니다.

그녀는 천천히 벽 쪽으로 가서 떨리는 손으로 권총을 내려 먼지를 털었습니다. 그리고는 잠시 망설였습니다. 만일 알베르트가 의아한 눈빛으로 그녀를 재촉하지 않았더라면 더 오랫동안 머뭇거렸을 것입니다. 로테는 말 한 마디 하지 못한 채 그 불길한 무기를 하인에게 내주었습니다.

하인이 돌아가자 로테는 일거리를 챙겨 가지고 무어라 형언할 수 없는 불안한 마음으로 자기 방으로 돌아왔습니다. 그녀의 마음은 일어날 수 있는 모든 끔찍한 사태를 그녀 자신에게 예언하고 있었습니다.

그녀는 남편의 발 아래 엎으려 어젯밤에 일어났던 일과 지금 자신이 예감하고 있는 것을 모두 고백해 버릴까 생각했습니다. 그러나 그렇게 한들 별로 소용이 없을 듯했습니다. 더구나 남편을 설득하여 베르테르를 찾아가도록 한다는 것은 도저히 가망이 없는 일이었습니다.

식사가 준비되었습니다. 그 때 마침 로테와 절친하게 지내는 친구 하나가 잠깐 무엇을 물어 보기 위하여 찾아왔습니다. 그녀는 곧 돌아가려 했으나 그대로 머물러 같이 식탁에 어울리게 되었습니다. 그 친구 덕분에 분위기가 한결 부드러워졌습니다. 식사를 하는 동안에 로테는 애써 이리저리 화제를 돌리면서 마음의 불안을 잊으려고 했습니다.

하인이 권총을 가지고 돌아와 로테가 내주었다고 말하자, 베르테르는 매우 기뻐하며 그 권총을 받았습니다. 그리고는 하인에게 빵과 포도주를 가져다가 식사를 하라고 이른 다음, 책상 앞에 앉아서 편지를 쓰기 시작했습니다.

이 권총은 당신의 손을 거쳐서 내게로 왔습니다. 먼지를 털어 주셨다지요? 나는 수없이 권총에 키스를 했습니다. 당신의 손이 닿았던 것이니까요. 하늘의 정령과도 같은 당신이 나의 결심을 격려해 주었습니다. 당신의 손에서 죽음을 받기를 원했는데, 아아! 지금 이렇게 나는 그것을 받은 것입니다.

나는 하인에게 이것저것을 꼬치꼬치 물었답니다. 권총을 내주면서 당신은 떨고 있었다지요? 하지만 슬픕니다. 잘 가라는 작별 인사 한 마디 없이……. 설마 나와 당신을 영원히 결합시킨 그 순간 때문에 마음의 문을 닫아 버리신 건 아니지요?

로테, 설령 천 년의 세월이 흘러도 그 순간의 감명은 지워지지 않을 것입니다. 그리고 나는 알고 있습니다. 당신으로 인하여 이토록 마음을 불태우고 있는 사나이를 당신이 미워할 리 없다는 것을.

식사를 마친 뒤 베르테르는 하인을 불러서 짐을 전부 꾸리게 하고, 많은 서류를 찢어 버렸습니다. 그 다음에는 밖으로 나가서 자질구레한 빚을 정리했습니다. 그리고 일단 집에 돌아왔다가 비가 오는데도 불구

하고 다시 밖으로 뛰어나가 교외의 M백작 정원과 그 집을 서성거렸습니다. 그리고는 어두어둑해진 무렵에야 집으로 돌아와 다음과 같은 편지를 썼습니다.

빌헬름, 마지막 인사를 하려고 들과 수풀과 하늘을 보고 왔네. 그럼 자네도 잘 있게나! 어머니, 용서해 주십시오! 빌헬름, 나의 어머니를 위로해 드리게. 당신들에게 하느님의 축복이 있기를! 내 짐은 전부 정리해 놓았네. 그럼 잘 있게나! 또 만나세, 그 때는 좀더 기쁜 얼굴로 만나게 되겠지.

알베르트 씨! 나를 용서해 주기 바랍니다. 나는 당신 가정의 평화를 깨뜨리고, 당신들 부부 사이에 의혹의 씨를 뿌렸습니다. 안녕히 계십시오! 나는 이제 끝맺으려 합니다. 나의 죽음으로 부디 당신들 두 분이 행복해지기를 바랍니다! 알베르트 씨! 부디 천사와 같은 그분을 행복하게 해 주십시오! 하느님의 축복이 당신에게 내리기를!

베르테르는 밤에도 내내 원고들을 뒤적거리며 그 대부분을 찢어서 난로 속에 던져 넣고 몇 뭉치의 원고는 포장을 해서 빌헬름 앞으로 겉봉을 썼습니다. 그것은 짤막한 수필과 단편적인 감상문이었습니다. 그 가운데 몇 편은 나중에 나도 읽었습니다.

밤 10시쯤에 그는 난로에 땔감을 더 넣게 하고, 포도주를 한 병 가져오게 한 다음, 하인더러 그만 자라고 일렀습니다. 하인의 방은 문지기의 방과 마찬가지로 훨씬 안쪽에 있었습니다. 하인은 다음 날 새벽 일찍 일어나기 위해 옷을 입은 채로 잠자리에 들었습니다. 아침 6시 전에 우편 마차가 집 앞에 올 것이라고 베르테르가 일렀기 때문입니다.

11시가 지나서

주위는 적막 속에 잠겨 있습니다. 내 마음도 평온합니다. 하느님, 이 최후의 순간에 이런 열정과 힘을 저에게 주신 것을 감사드립니다.

그리운 이여, 나는 창가에 서서 바깥을 내다봅니다. 바람에 몰려가는 구름 사이로 아직도 영원한 하늘에 빛나는 별들을!

그렇지, 너희들은 결코 땅에 떨어지는 일이 없으리라. 영원한 존재자가 그대들을, 또한 나를 가슴에 안고 있으니까.

별들 가운데서도 내가 가장 좋아하는 큰곰자리, 그 성좌의 자루 부분의 별들이 보입니다. 밤에 당신과 헤어져서 문을 나서면, 이 성좌가 언제나 맞은편 하늘에 걸려 있었습니다. 나는 그지없이 황홀한 심정으로 이 별들을 바라보곤 했습니다. 나는 그 별들을 가리키며, 그때그때의 내 행복의 상징으로 삼고는 했습니다. 그리고 지금도……

아아, 로테! 어느 것 하나 당신을 생각나게 하지 않는 것이 없습니다! 당신은 언제나 나를 둘러싸고 있습니다. 나는 마치 어린아이처럼 아무리 보잘것없는 물건일지라도, 성스러운 당신의 손이 닿았던 것이면 무엇이든지 내 것으로 하기 위해 수집해 왔으니까요.

그리운 당신의 실루엣! 이것을 유물로서 당신에게 드립니다. 로테, 부디 소중히 간직해 주십시오. 수없이 많은 키스와 눈인사를 밖에 나갈 때와 집으로 돌아왔을 때에 보냈던 것입니다.

나는 당신 아버지께 드리는 짧은 편지 속에 나의 유해를 거두어 주십사 부탁을 드렸습니다. 묘지의 안쪽, 밭 맞은편 구석에 보리수가 두 그루 있습니다. 나는 그 곳에 묻히고 싶습니다. 당신 아버지께서는 나의 이런 부탁을 들어주실 줄로 믿습니다. 당신도 부디 날 위해 그렇게 부탁드려 주세요.

그렇지만 믿음이 두터운 그리스도 교인들은 이 불행한 사나이가 자신들의 곁에 묻히는 것을 싫어할 것입니다. 나도 억지로 그렇게 해 달라고 요구할 생각은 없습니다.

아! 나는 당신들의 손으로 길섶이나 호젓한 골짜기의 어느 구석에 묻히기를 바라고 있습니다. 그리하여 제사장이나 레위 사람들이 성호를 그으며 무덤 앞을 지나가고, 사마리아 사람이 한 방울의 눈물을 흘릴 수 있도록 말입니다.

자, 로테! 나는 죽음에 취하는 이 차디찬 술잔을 손에 들고 있습니다. 당신이 내게 준 술잔입니다. 나는 두려워하지 않습니다. 이것으로 내 생애의 모든 소망이 다 이루어지는 것입니다. 이토록 냉정하게, 이토록 태연하게 죽음의 철문을 두드릴 수가 있다니!

로테! 나는 될 수만 있다면 당신을 위해 목숨을 버리고, 당신을 위해 이 몸을 바치는 행복을 누리고 싶었습니다. 당신의 생활에 평화와 환희를 되찾게 할 수만 있다면, 나는 기꺼이 죽으려고 합니다. 그러나 아아, 가까운 사람을 위해 피를 흘리고 죽음으로써 친구들의 마음속에 새로운 생명의 불길을 타오르게 하는 것은 극히 소수의 숭고한 사람들만이 할 수 있는 일입니다.

로테, 나는 이 옷을 입은 채 묻히고 싶습니다. 당신의 손이 닿아서 성스러워진 옷입니다. 이것은 당신 아버지께 부탁을 드렸습니다. 나의 영혼은 벌써 관 위를 떠다니고 있습니다. 아무도 내 호주머니를 뒤지지 않게 해 주십시오. 이 분홍빛 리본은 우리가 처음 만났을 때 당신이 가슴에 달고 있었던 것입니다.

그 때 당신은 아이들에게 둘러싸여 있었지요. 아아, 아이들에게 키스를 많이많이 해 주십시오. 그리고 이 불행한 친구의 운명에 대해서도 이야기해 주십시오. 귀여운 아이들! 언제나 내 둘레에 모여들어 놀던 아이들!

아아, 나는 어쩌면 이토록 당신과 밀착되어 있었을까요! 처음 만난 그 순간부터 나는 당신에게서 떨어질 수 없었습니다. 이 리본도 함께 묻어 주십시오. 내 생일에 당신이 선물로 준 것입니다. 그런 물건들을 나는 얼마나 탐냈는지 모릅니다! 아아, 그런 일들이 나를 여기까지 인도할 줄은 생각조차 하지 못했습니다. 마음을 가라앉히십시오! 로테, 부디 진정하십시오!

탄환은 이미 재어 놓았습니다. 시계가 12시를 칩니다.

그럼 로테, 잘 있어요! 잘 있어요! 안녕히!

이웃 사람 하나가 화약의 섬광을 보았고 총소리를 들었습니다. 그러나 곧 조용해졌으므로 더 이상 관심을 기울이지는 않았습니다. 이튿날 새벽 6시에 하인이 등불을 들고 방 안에 들어섰을 때, 주인은 피투성이가 되어 쓰러져 있었습니다. 그리고 그 옆에는 권총이 뒹굴고 있었습니다. 하인은 주인을 안아 일으키며 소리쳤지만, 아무 대답이 없었습니다. 단지 목에서 골골거리는 소리만이 희미하게 들릴 뿐이었습니다.

하인은 의사를 부르러 뛰어갔고, 그길로 곧장 알베르트에게로 달려갔습니다. 로테는 초인종 소리를 듣자 온몸이 떨렸습니다. 남편을 불러 깨우고, 함께 밖으로 나갔습니다. 하인은 소리내어 흐느끼며 사건의 내용을 전했습니다. 로테는 실신하여 알베르트 앞에 쓰러졌습니다.

의사가 왔지만 이미 손쓸 도리가 없는 상태였습니다. 맥박은 뛰고 있었으나 사지는 벌써 마비되어 있었습니다. 탄환이 오른쪽 눈을 뚫고 머리를 관통했던 것입니다. 뇌수가 터져 나와 있었습니다. 소용없는 짓인 줄 알면서도 팔의 정맥을 베자 피가 흘러나왔습니다. 베르테르는 아직도 숨을 쉬고 있었습니다.

의자의 팔걸이에도 피가 묻어 있는 것으로 미루어, 베르테르는 책상

앞에 앉은 채 방아쇠를 당긴 것 같았습니다. 그리고 마룻바닥으로 굴러 떨어져, 의자 주위에서 몸부림쳤던 모양입니다.

발견되었을 때는 창문 쪽으로 머리를 두고 있었습니다. 장화를 신고 있었으며, 푸른 연미복에 노란 조끼를 입은 단정한 차림이었습니다.

집안 사람들은 물론 온 마을이 발칵 뒤집혔습니다. 알베르트가 들어섰습니다. 베르테르는 머리에 붕대를 감은 채 침대 위에 뉘어져 있었습니다. 얼굴은 벌써 죽은 사람 같았습니다. 손발은 전혀 움직이지 않았습니다. 오직 심장만이 아직도 들먹이며 약하게 또는 강하게 숨을 내쉬고 있었습니다.

임종이 가까웠습니다.

포도주는 한 잔 정도밖에 마시지 않은 모양입니다. 책상 위에는 레싱의 대표적 비극 《에밀리아 갈로티》가 펼쳐져 있었습니다.

　알베르트의 놀라움과 로테의 비탄에 대해서는 아무 말도 하지 않는 것을 양해해 주시기 바랍니다.

　늙은 법무관이 소식을 듣고는 말을 타고 달려왔습니다. 그는 뜨거운 눈물을 흘리며 죽어 가는 베르테르에게 입을 맞추었습니다. 곧이어 법무관의 아이들도 아버지의 뒤를 쫓아 달려왔습니다.

　그들은 참을 수 없는 슬픔을 얼굴에 나타내며 침대 위에 엎드려 베르테르의 손과 입에 키스를 했습니다. 사랑을 가장 많이 받았던 큰 사내아이는 베르테르가 숨을 거둔 뒤 사람들이 억지로 떼어낼 때까지 그에게서 떨어지지 않았습니다.

　낮 12시에 베르테르는 숨을 거두었습니다.

　마침 법무관이 그 곳에 있으면서 여러 가지 조치를 취했기 때문에 소동은 곧 가라앉았습니다. 법무관은 밤 11시경에 베르테르가 미리 부탁한 장소에 그를 묻었습니다.

베르테르의 유해를 뒤따른 것은 이 늙은 법무관과 그의 아이들뿐이었습니다. 알베르트는 로테의 생명이 걱정되어 따라가지 못했습니다. 일꾼들이 유해를 메고 갔습니다. 성직자는 한 사람도 동행하지 않았습니다.

작품 알아보기
(장편문학)

〈젊은 베르테르의 슬픔〉은 괴테가 1774년에 발표한 서간체 소설이다.

이 작품은 억제할 수 없는 열정 때문에 괴로워하다가 결국 자살하고 마는, 예민하고 고집스러운 한 청년의 이야기로, 괴테가 베츨러에서 근무할 때 자신의 실연당한 체험과, 그 곳에서 함께 지내던 친구가 실연당해 자살한 사건을 소재로 쓴 작품이다.

괴테는 이 작품에서 시대와의 단절로 고민하는 청년의 모습을 묘사함으로써 기존 문학에 새로운 바람을 일으켰다. 이 작품의 영향으로, 이에 공감한 젊은 세대의 자살까지 유행하였을 정도였다.

베르테르는 상속 사건을 처리하러 어느 마을에 왔다가 우연히 로테라는 아름다운 여인을 알게 되었다. 로테에게 첫눈에 반한 그는 로테를 열렬히 사랑하게 되지만, 그녀에게는 이미 약혼자가 있었다.

그 사실을 알게 된 베르테르는 절망하여 외교관의 비서가 되어 먼 고장으로 떠나 버린다. 베르테르는 관료직에 대한 염증으로 적응할 수 없어 상관에게 반항하다가 파면되고, 사교계에서도

작품 알아보기
(장편문학)

웃음거리가 되자, 다시 로테에 대한 연모의 정이 일어나 그녀 곁으로 돌아온다.

새로운 가정을 꾸미고 있는 로테의 따뜻한 배려와 은근한 애정은, 그로 하여금 번민과 갈등을 더욱 깊게 하여, 마침내 권총 자살을 하기에 이른다.

이 작품으로 괴테는 단숨에 작가로서의 명성을 얻었으며, 이후 유럽 여러 나라의 수많은 작품에 지대한 영향을 끼치게 되었다.

논술 길잡이
(장편문학)

❶ 다음 그림은 베르테르가 자살 직전, 권총에 키스하는 장면이다. 그가 알베르트에게서 권총을 빌리게 된 경위와, 권총에 키스하는 이유 등에 대해 써 보자.

....

....

....

....

....

논술 길잡이
(상편문학)

❷ 다음은 베르테르와 로테의 정사의 한 부분을 묘사한 것이다. 정숙한 아내였던 로테가 이렇게 열정에 이르게 된 배경을 설명해 보자.

로테는 마음이 산란해져서 베르테르의 두 손을 꽉 잡아 자기 가슴에 갖다 대고서 슬픔을 못 이기는 듯이 그에게로 몸을 구부렸습니다. 두 사람의 뜨거운 볼이 맞닿았습니다. 갑자기 세계는 두 사람 속으로 사라져 갔습니다.

....

....

....

....

....

❸ 베르테르가 자살을 눈앞에 두고 로테에게 보낸 편지에서
'죽음'에 대해 설명한 부분을 원문에서 찾아 적어 보자.

....

....

....

....

❹ 베르테르를 죽음에까지 이르게 한 로테의 모습에는, 순진하
고 앳된 처녀상과 부지런한 주부상, 그리고 다정한 어머니
상이 섞여 있다. 로테가 지닌 여성상에 대해 자신의 느낀 점
을 써 보자.

....

....

....

....

논술 길잡이
(상연문학)

❺ 로테의 남편 알베르트의 성격을 베르테르와 비교하여 써 보자.

❻ 이 작품의 주인공 베르테르의 모델은 괴테가 베츨러에서 지낼 때의 자신과 자살한 친구라고 한다. 그 배경에 대하여 알아 보고 쓰라.

논・술・세・계・대・표・문・학 〈전60권〉

펴 낸 이	정재상
펴 낸 곳	훈민출판사
주 소	경기도 고양시 덕양구 원당동 416번지
대 표 전 화	(031)962-3888
팩 스	(031)962-9998
출 판 등 록	제395-2003-000042호